HUMANITIES IN EVERYDAY LIFE

일상 속의 인문학

성해준(成海俊) 지음

신아사

저자 서문

1.

인문학이라고 하면, 문학·역사·철학을 포함하여 우리 인간의 정신문화 분야를 총체적이고 종합적으로 이해하고 해석하는 학문을 말한다. 구체적으로는 생활 속에서 느끼는 개인의 정서를 글에 담아 표현한 '문학', 인간의 삶에서 발생한 일들을 기록한 '역사', 이러한 것들에 대한 생각과 사상을 정리한 '철학'을 들 수 있다. 인문학을 대표하는 이 문학·역사·철학은 개체로서의 인간은 물론이고, 그 집단 혹은 사회에 대해 인간본성과 인간다움의 다양한 정보를 제공해 주는 중요한 요소가 담겨있다.

그러나 '역사는 승자에 의한 기록'이라는 명제로 볼 때 역사 기록물들이 모두 진실하다고 말할 수는 없다. 또 다양한 철학적 사유나 정의도 반드시 모두에게 옳다고 할 수도 없다. 그래서 인문학자들은 그러한 것들을 해석하고 분석하며 그 속에서 삶의 가치와 인간다움을 찾고 있으므로 인문학이 제시하는 삶의 올곧은 정서나 인간다움은 초시대적으로 공유하고 사유해도 좋을 것이다.

그러한 점에서 "옛 것을 충분히 숙지하고 새로운 지식을 익힌다."는 '온고이지신(溫故而知新)'과 동일한 개념으로 연암 박지원(燕巖朴趾源, 1737-1805)이 말한 "옛 것의 좋은 점을 본받고 숙지한 뒤에,

새로운 것을 창안한다."는 '법고창신(法古創新)'은 여전히 유의미하다고 할 수 있다.

2.

소크라테스(socrates)가 아고라 광장을 거닐며 일반인을 비롯하여 정치가 교육자 등 여러 계층의 사람들과 마주앉아 대화하면서 추구했던 고대 아테네시기의 인문학은 상아탑 안에서의 학자들만의 학문이나 학문을 위한 학문이 아니라 말과 행동이 일치하는 지행합일과 실사구시를 이끌고자하는 거리와 광장의 인문학이었다고 생각한다.

이러한 인문학이 추구하는 세상의 유익한 길잡이의 중심으로 일찍이 『논어』에서는 "배우고 때때로 익히면 또한 기쁘지(悅) 아니한가. 벗이 먼 곳에서 찾아오면 또한 즐겁지(樂) 아니한가. 남이 알아주지 않아도 성내지 않는 것이 군자가 아니겠는가(學而時習之不亦說乎. 有朋自遠方來不亦樂乎. 人不知而不慍不亦君子乎. 『論語』「學而」)"라고 했다.

즉 공자는 자발적인 학습을 인간다운 삶으로 간주하였다. 따라서 이는 누구에게 보이거나 자랑하기 위한 것이 아니므로 남이 알아주거나 알아주지 않거나에 상관하지 않고, 호학(好學)하며 배움을 꾸준하게 한다면 자연스럽게 마음이 풍요롭게 된다는 것이다. 즉 문사철(文史哲)을 중심으로 한 인문학에 심취하면 현대 사회의 부조리와 현대인의 고독과 정신적 외로움에 일정한 치유의 신비로운 역할을 할 수 있다는 것을 암시하고 있다.

공자가 중시하는 동양 인문학의 핵심사상이기도 한 '학이시습지관(學而時習之觀)'은 동양 종교 발생 시(時)의 현실 긍정적 사고와 지리적 환경요인과도 관계가 있다. 즉 ① 유대교·기독교·이슬람교는 이스라엘, 사우디 권역의 사막과 돌산의 자연환경으로 인해 내세 지향적이다. ② 불교는 인도, 파키스탄 권역의 혹열(酷熱)한 기후와 풍수해의 자연재해로 인해 현실부정적인 사고를 내재하게 되었다. 또 ③ 유교·도교는 중국, 한국, 일본 권역의 사계절 변화와 비교적 풍요로운 자연환경 속에서 긍정적 사고가 형성되어 현세 지향적이다.

그러므로 공자가 중시한 학문하는 즐거움에 심취하면 마치 기독교도가 예수를 신봉하고, 불교도가 부처를 섬기듯이 자연스럽게 종교적 경지에 이르러 즐겁고 평안하며 행복한 마음으로 자신의 정신세계를 다스릴 수 있다. 그래서 공자는 사람들이 학문을 좋아하고 분발하면 근심걱정도 다 잊어버리기 때문에 늙음이 닥쳐오는 것도 모른다(子曰, 女奚不曰其爲人也. 樂以忘憂, 不知老之將至云爾)고 하였다.

이러한 학문을 통한 교양인문학은 어느 작가가 말한 것처럼 우리 인생의 목표와 중심 방향도 제시해 준다고 할 수 있다. 과학기술의 발달로 효율적이고 연비가 높은 성능 좋은 자동차가 만들어져 더욱 더 손쉽고 간단하게 운전을 할 수 있다. 그러한 고도의 실용화된 응용

과학인 테크놀로지(technology)에 힘입은 자동차가 어디로 향해야하는 것인가의 방향과 목적을 정해 주는 것이 바로 인문학이라는 것이다.

그러나 우리는 인문학을 비롯한 학문을 힘겨운 대상으로 여겨왔다. 왜냐하면 내가 진정으로 알고 싶은 것, 혹은 하고 싶은 것이 아니라 과거에는 오로지 과거(科擧)를 통한 입신출세에 현재의 젊은이들은 오로지 취업에 중점을 두기 때문이다. 물론 내가 하고 싶은 공부라고 해서 쉬운 것은 아니지만, "아는 것은 좋아하는 것만 못하고, 좋아하는 것은 즐기는 것만 못하다(知之者不如好之者, 好之者不如樂之者.『論語』「雍也」)"는 말처럼 각자가 추구하는 분야를 좋아하고 즐기는 것이야 말로 가장 손쉬운 참 진리가 구현될 수 있다.

즉 그러한 참 진리를 추구하는 정신이 응집(凝集)되면 '선(善)'과 '의(義)'가 모인 '집의(集義)'의 호연지기(浩然之氣)처럼 모두가 조화롭고 정의로운 마음으로 즐거움을 나눌 수 있는 진정한 행복이 충만한 이상적인 사회(大同社會, 與民同樂, 彌勒世界)가 될 수 있기 때문이다.

그래서 인문학을 통한 진리추구는 온화하고 평안한 마음의 즐거움으로 모든 복이 자연스럽게 모이는 것(心和氣平者, 百福自集.『菜根譚』)과 같은 평안함을 누릴 수 있다는 것이다. 이와 같이 인문학을 중심으로 한 동양의 역사·문학·철학을 비롯하여 동양문화 저변에는 사람을 중심으로 하는 삶의 근거와 방향이 제시되어 왔다.

3.

현재의 21세기는 인공지능관련 과학기술을 이용하여 인간의 능력을 보완하려고 하는 지적·문화적 운동으로 기계와 인간의 경계를 인위적으로 변형시키는 트렌스휴머니즘(transhumanism) 혹은 포스트휴머니즘(posthumanism)이라는 시대가 되었다. 이러한 시대의 조류에 힘입어 우리 인류는 사상 유래가 없는 물질적 풍요를 누리고 있다. 동시에 우리 인간은 그만큼 인간소외 등의 다양한 종류의 정신적 고통에도 시달리고 있다.

우리는 이 시대를 4차 산업혁명시대 혹은 인공지능(AI, Artificial Intelligence)시대라고도 한다. 그렇지만, 이미 많은 석학들이 예견한 것처럼 이 인공지능에 의한 지배와 독점으로 기계기술의 극대화에 의한 인간성 상실을 불러 올 가능성이 높다.

거기에 더해 인간의 기계의존 심화와 함께 기계자체의 자율적 업그레이드로 인해 인간이 기계를 통제할 수 없는 지경에까지 이르게 되면 또 다른 다양한 사회 병리현상이 발생할 수도 있다. 그러나 이러한 시대 역시 인간이 중심이 되는 시대가 되어야 한다. 그러므로 인간이 중심에 서서 인간다운 삶을 지향하기 위해서는 지혜와 덕의 인문학이 더욱 필요한 시대라고 하겠다.

그러한 시대적 요구에 부응하여 실사구시(實事求是) 학문의 변신 시도로 인문학은 진선미(眞善美)·정의·자유·평등 등의 다양한 가치 실현을 일상적 삶에서 중시하기도 한다. 그러므로 진정한 인간의 행복을 위해서는 인문학적 가치를 우리의 삶에 적용하는 것이다. 그래서 최근에는 인문학이 마음의 병을 치유하는 도구로도 부상(浮上)되고 있다. 즉 몸이 아픈 사람을 치료하는 것은 전통적으로 의사의 몫이었지만, 마음의 병은 인간의 심성을 어루만질 수 있는 인문학을 통해서 치유(治癒)가 가능하다는 것이다.

인문학을 통한 치료는 다양한 텍스트에 대한 탐구와 해석을 통해 문제 해결의 실마리를 찾게 하고, 도덕적·미학적 감수성을 가진 논리적 사고를 길러준다. 그러므로 정의와 인의(仁義)가 무너졌다고 하는 지금에야 말로 인문학은 바쁘게 살아가는 현대인들에게 정신적인 양식과 가치 있는 삶의 의미를 부여하는 길잡이가 될 것이다.

4.

이에 본 서적에서는 '온고이지신(溫故而知新)'과 '법고창신(法古創新)'의 의미를 살려서 동양 인문학에서 현재 우리들의 삶에 유용한 가르침이 되는 내용을 키워드로 뽑았다. 이러한 동양의 인문정신은 우리가 어떻게 사는 것이 보람되고 의미 있는 삶인가를 추적하며, 개인의 인격함양을 비롯하여 가정을 원만하게 이끌고, 사회에 이바지하며, 국가를 다스리는 문제(修身齊家治國平天下)에 이르기까지 광범위한 원칙론을 제시하고 있는 내용들이 풍부하다.

그 중에서도 인간의 삶 전반에 대한 다양한 윤리적 지침으로 유교·불교·도교의 3교사상이 밀접한 관계를 유지하며 동양의 인문정신 전반을 아우를 수 있는 가르침이라 생각되는 것들을 우선 선택했다. 즉 "선(善)·악(惡), 신(神)·운(運), 천(天)·사(死), 학(學)·예(禮),

효(孝)·도(道), 인(仁)·의(義)" 등이다.

내용의 구성은 이들 주제어들을 독자들이 이해하기 쉽게 개념을 설명하고 그에 관한 구체적 사례를 통해 독자 스스로 터득할 수 있도록 하였다. 이에 필자는 본 서적을 통해 물질만능시대에서 방황하는 현대인들이 인간다운 삶의 방향과 진정한 삶의 의미가 무엇인지를 찾을 수 있는 계기가 되었으면 한다.

끝으로 출판을 위해 애써주신 도서출판 신아사 임직원 여러분들께 감사드린다. 또 이 책의 내용은 상덕문화대학 김태순(金泰詢) 학장님의 추천에 의해 필자가 2014년부터 2019년 현재까지 '퇴계학부산연구원' 간행의 계간지 『퇴계학부산연구원보(退溪學釜山硏究院報)』에 연재한 '『명심보감』을 통한 동양사상의 훈수(薰修)'의 글 중에서 '일상 속의 인문학'과 관련된 내용의 일부를 발췌하여 수정한 것임을 밝혀 둔다.

2019년 8월 맹서(猛暑)

성해준(成海俊) 삼가 씀

목차

일상 속의 인문학

1. 선(善)

선이란 무엇이며 어떻게 행해야 하는가

(1) '선(善)'이란 무엇인가

'선'이란 무엇이고, 어떻게 하는 것일까? 먼저 선을 의미하는 개념을 살펴보면, 서구 근대어의 the good(영어), das Gute(독일어)는 형용사의 명사화이다. 이들은 대개 다의적 의미로 이용되는데, 동양에서 '선'이라는 명사는 윤리적인 개념으로 ① 착하다. ② 맑고 길(吉)하다. ③ 훌륭하다. ④ 좋고 잘한다. ⑤ 친하고 사이좋다. ⑥ 옳고 정당하여 도덕적 기준에 맞다. 등의 뜻이 있다.

그러므로 일반적으로는 착하고 어진 행실을 가리키는 선행·가행(嘉行)·선업(善業)이라는 용어가 쓰이는데 이중 '선업'은 좋은 과보(果報)를 받을 수 있는 착한 일을 가리킨다. 즉 동양 철학에서의 선행은 진정한 인(人)의 정신을 체득하여 수신제가치국평천하(修身齊家治國平天下)의 수양과 이상적인 인간형인 군자의 도를 실천하는 길과 연결된다.

서양 철학에서는 한 존재의 존재 목적 달성에 이로운 것을 말한다. 토마스 아퀴나스는 깨닫기에 좋은 것, 느끼기에 좋은 것, 행하기에 좋은 것, 진선미(眞善美)로 나누어 형이상학적 선, 심미적 선, 윤리적 선으로 구분하였다. 그러므로 결국 선이란 모두가 좋다고 여기고, 모두가 지향하는 목표이다.

다음으로 선행(善行, good works)이란 선공(善功)이라고도 하는데, 이는 착한 일을 많이 하는 것을 말하지만, 종교적으로 선행·선업(善業)·신앙심의 노력이나 업적으로 존경할 만한 행동, 또는 찬양할 만한 업적을 뜻한다. 결국 선행이란 착하고 어진 행실을 말하며 그 행위는 도덕적인 규범에 어긋남의 여부에 따라 선과 악으로 구별 된다.

현실에서는 모든 의식적인 행동은 도덕적으로 선 또는 악의 그 어느 쪽에 속하므로 도덕적으로 진실하고 착한 행위 인 선행은, 천지신명도 감동시킬 수 있는 놀라운 위력을 발휘하여 초자연의 상(賞)을 받는 것으로 되어 있다.

(2) 『명심보감』에서의 선

『명심보감』에서 선을 살펴보면 이 책의 편자는 사람들에게 이러한 선행을 강조하기 위해서 꾸준한 선을 끊임없이 이어가라는 의미에서 「계선편」을 가장 앞에 두고 있다. 『명심보감』「계선편」에서는 다음과 같이 선을 말한다.

> 공자가 말하기를 선을 행한 사람에게는 하늘이 복으로 갚고, 악을 행한 사람에게는 하늘이 재앙으로 갚는다.
> (子曰, 爲善者, 天報之以福, 爲不善者, 天報之以禍.)

> 서신옹이 말하기를, 선을 쌓으면 좋은 일을 만날 것이고, 악을 쌓으면 나쁜 일을 만날 것이니 자세히 생각하고 헤아려 보라. 하늘과 땅의 조화로 차례에 따라 찾아드는 계절과 같이 어기지 않을 것이다. 착한 행실에는 좋은 보답이 있고, 나쁜 행실에는 나쁜 보답이 있다.
> (徐神翁曰, 積善逢善, 積惡逢惡, 仔細思量, 天地不錯. 善有善報, 惡有惡報.)

사람의 길흉화복이 마음의 옳고 그름, 행위의 선악에 관계된다는 것이다. 즉 스스로의 선악 행동에 따라 그 결과가 동반되는 선에는 선의 응보가 따르고 악에는 악의 응보가 따르는 것이 철칙이므로

'항상 선을 생각하고 선만을 행하여야 한다.'는 것이다. 또 "선은 평생 아무리 행해도 충분하지 못하지만, 악은 하루만 행해도 남는 것이니(終身行善, 善猶不足, 一日行惡, 惡自有餘)," 조금의 악이라 할지라도 행해서는 안 된다는 말을 반복해서 논하고 있다.

그래서 전생, 현생, 내생의 3세의 업을 중시하는 불교에서는 인간생활의 현실에서 자신의 전세가 궁금하면, 전세의 자신의 업에 의해 결정된 현재의 자신의 위치를 보면 자신의 전세를 짐작할 수 있을 것이라고 한다. 또 내세가 궁금하면 현재 자신의 선악행위와 일상의 행동을 보면 내세를 짐작할 수 있다고 한다.

이러한 『명심보감』의 '선(善)'사상은 진실하면 천지신명도 감동한다고 한다. 그러므로 일상에서 올곧은 생활과 선행으로 근면 성실하게 최선을 다하고 그 결과는 하늘에 맏겨라는 것과 같은 논리의 의미를 적용시킬 수 있다(盡人事待天命). 또 이것은 바로 콩 심으면 콩나고, 팥 심으면 팥 나는 것과 같은 자연의 이치를 적용시키고 있다.

동시에 우리가 지혜를 갖고 선을 실천하고 권할 때, 마치 『맹자』의 호연지기(浩然之氣)의 집의(集義)처럼 적선(積善), 즉 선의 씨앗이 자란다는 믿음이 깔려있다. 또 「계선편」에는 "나에게 선으로 대하면 나 역시 선으로 대하고, 나에게 악으로 대하는 사람에게도 나 역시 선으로 대한다(於我善之, 我亦善之, 於我惡者, 我亦善之.)"는 말이 있다.

이는 나에게 악을 행한 자에게 조차도 선으로 행동하여 상대를 교화시켜야 한다는 주장이다. 그러나 솔직히 이것이 과연 가능한 것인가라는 의문이 드는 것이 요즘의 우리 사회이다. 그렇다고 너도나도 자신의 사리사욕을 위한 악을 행할 수는 없으므로 심리적으로는 분명 선의 씨앗과 그 응보의 좋은 요소가 있다고 생각하고 지금 이 순간부터 우리 모두가 선을 행한다면 가능할 것이다.

즉 착한 자에게는 복이 오고, 악한 자에게는 화가 미친다는 금언은 동서고금을 막론하고 당연한 논리로 늘 거론되는 말이지만 또한 늘 새겨들어야 할 말이기도 하다. 무색(無色)·무취(無臭)·무미(無味)한 맑은 물이 우리 몸을 건강하게 하듯이 무미건조한 담백한 진리는 우리의 정신을 정화하고 우리 사회를 건강하게 할 것이다(군자지교 담여수, 소인지교 감약례).

이러한 선을 BC 6세기경에 활동한 중국 제자백가 가운데 하나인 도가(道家)의 창시자인 노자의 『도덕경(道德經)』에서는 "최고의 선은 물과 같다(上善若水)"고 비유했다. 왜냐하면 물은 만물을 이롭게 하면서도 다투지 않고, 많은 사람들이 싫어하는 곳에 머무르기 때문에 도에 가깝다는 것이다. 또 거처를 정할 때의 선은 땅이고, 마음을 헤아릴 때의 선은 배려이고, 사람과 어울릴 때의 선은 어짊이다. 말을 할 때의 선은 신뢰이며, 정치의 선은 잘 다스림이며, 일 할 때의 선은 능력에 맞느냐는 것이고, 행동할 때의 선은 때를 맞추는 것이라고 하였다.

(3) 학문하는 자의 선

이 선과 관련하여 학문하는 목적도 자신의 인격도야를 우선하는 위기지학(爲己之學)이어야지 상(賞)이 되는 입신출세 영달이 목적인 위인지학(爲人之學)이 되어서는 안 된다고 선인들은 주장하고 있다. 그 하나의 예로 퇴계 이황(退溪 李滉, 1501-1570)이 고봉 기대승(高峰 奇大升, 1527-1572)에게 보낸 편지에서 말했듯이 학자의 가장 본질적인 과제는 수신(修身)과 양심에 맞는 행동을 하는 것이고, 진정한 학문은 마치 깊은 산속에 핀 난초(芝蘭之草)[1]와 같이 누가 보던 보지 않던 자신의 향기를 간직하는 것이라고 하였다. 즉 수신을 위해서 가장 중요한 것이 마음의 평정이며, 평정한 마음을 가져야 사물을 제대로 보며 바람직한 인격도야가 이루어진다.

이러한 마음의 평정을 위해서 권력과 명예욕을 철저하게 경계하며 자연과 더불어 살아간 퇴계의 학문 목적은 세상에 나가서 벼슬을 하고 기회를 엿보아 이익을 얻거나 복을 구하는 것이 아니라 결과에 구애받지 않고 오로지 마음의 선량한 동기와 정직을 유지하는 것이었다. 이와 관련하여 성호 이익(星湖 李瀷, 1681-1763)의 수제자인 신후담(愼後聃, 1702-1761)도 "지금 천국에 올라가는 복을 구하고자 학문을 한다면, 이는 그 학문하는 의도가 완전히 이익에서 나온 것이

1) 與善人居, 如入芝蘭之室.『孔子家語』(善人과 함께 있으면 香草의 향기를 풍기 는 방에 있는 것처럼 감화된다)

어서 참되지 못함이 크다(今者, 欲求飛天之福, 而爲格物之學, 則此其爲學之意, 全出於利, 而其爲不誠大矣.)"고 하였다.

학문하는 목적이 천국에 가기 위한 것이라면 진리 그 자체를 위한 것이 아니라 이익을 따르는 것이 되므로 진실하지 못하다고 비판한다. 선을 좋아하며 진리가 옳기 때문에 행하면 자연스럽게 복이 돌아오는데, 그 결과만 바라며 천국에 가려는 목적만으로 선행을 해서는 안 된다는 것이다. 신앙의 경우도 오로지 자신의 복만을 추구하는 것이 아니라 예수 혹은 부처가 진리를 실천하는 삶을 살았고 그 가르침이 진리이기 때문에 인간으로서 그렇게 사는 것이 옳고, 그렇게 살아야 한다는 것이다.

종교인과 유학자가 신념의 체계는 다르지만 진리 앞에서는 같은 길을 가는 사람이어야 하고, 오로지 기복 종교로 자신의 복만을 바라거나 입신출세의 영달만 지향하는 이기심에 빠진다면 그것은 올바른 종교나 학문이 아니라 혹세무민(惑世誣民) 혹은 곡학아세(曲學阿世)의 종교나 학문이 될 것이다. 선 역시 마찬가지이다. 인간의 도리로써의 선은 맹자의 성선설의 기본이 되는 우물 안에 빠지려고 하는 아이를 구한 순수한 선으로 타인을 돕기 이전에 자신의 즐거움(樂)이요, 기쁨(喜)이요 행복이 되는 것이므로 스스로 복이 되게 된다. 그러나 애당초 그 보답을 바라고 행하는 선행은 마치 녹이 낀 안테나에 전파가 잘 와 닫지 않는 것처럼 신(神)의 감응이 없는 선행이 될 수 있다.

진정한 선은 고원(高遠)한 이론이나 진기한 의론 속에 있는 것이 아니라 일용(日用)속에서 존재하는 것이다(一切唯心造). 『명심보감』에서 말하는 선행의 결과는 인간의 얼굴을 거울에 비추면 있는 그대로의 모습이 비춰지는 것과 같이 선악의 결과도 뿌린 대로 거두는, 선에는 복, 악에는 재앙이라는 논리가 분명하다. "선을 쌓는 집에는 경사(慶事)가 있고, 악을 쌓는 집에는 재앙이 있다"라는 말이 이를 압축하고 있다. 또한 인간의 도덕적 올바른 행동은 집안의 넘치는 경사인 여경(余慶)·여훈(余薰)으로 연결되니, 선조의 선행은 '여경(余慶)'으로 자손에게 번영을 가져다주고, 반대로 불선(不善)은 자손에게 '여앙(余殃)'을 준다고 가르친다.

(4) 일상에서 선이 중요한 이유

평생 독신으로 산 경험을 가진 쇼펜하우어는 일찍이 결혼은 해도 후회 안 해도 후회한다면, 일단 결혼을 하고 후회하라는 말을 했다. 형식과 의미가 조금 다를지라도 평소의 선행으로 인한 그 보답 관련도 일상에서 사후가 없다고 생각하고 될대로 되라는 케세라세라(queserasera)식의 생활을 하고 난후, 사후에 자신의 선악행위에 대한 결과의 심판이 있다면 그 세계는 끔찍한 곤란을 겪게 될 것이다. 그러므로 사후가 있다고 생각하고, 절제된 생활로 남을 배려하며 착하게 살다가 죽음을 맞이하면 사후 세계가 있다고 할지라도 그 유무에 관계없이 잃을 것이 없다는 것이다.

『논어』나 『맹자』·『명심보감』 등 동양 고전의 주요 내용에는 선악행위에 따라 천(天) 또는 신(神)의 응보에 의한 상벌을 내린다고 하는 관념이 있다. 그 중에서도 천이 명확한 의지를 가지고 인간 행위에 엄격한 판단을 내린다는 것이 특징이다.

윗물이 맑아야 아랫물이 맑다는 말이 있는 것처럼(上濁下不淨, 上淸下不濁) 윗사람의 솔선수범은 어느 사회, 어느 시대를 막론하고 바른 궤도(常軌)를 벗어나서는 안 되는 이유가 바로 여기에 있다. 모든 사람이 다 성인(聖人)이 될 수는 없지만, 적어도 지도자(정치적·종교적·학문적)는 백성들이 믿고 따를 수 있도록 뚜렷한 목표와 비전을 세울 수 있어야 하고, 모범이 되어야 하는 것이 동양 고전인문학의 가르침이자 기본적 양심에 입각한 인간의 도리이기도 하다. 그 중에서도 『명심보감』은 지도자가 솔선수범하여 모범을 보이며 백성들을 보살필 것을 강조하며, 백성은 그 지도자를 믿고 따르고 그 체제에 순응할 것을 논한 대표적인 서적이라 할 수 있다.

동양의 도덕서 가운데는 위정자의 도덕적 정치적 공정성과 사회적 약자를 소중히 할 것을 강조한 부분이 돋보인다. 곧, 수기치인(修己治人)의 능력이 있는 자에게 공정하고 정직하며 올바른 정치를 행할 것을 논하고 있다. 한편으로 그러한 능력이 없는 자에게는 각자 자신의 분수에 맞는 작은 행복을 추구하는 지족안분(知足安分)을 요구하고 있다. 이는 백성들이 정치·사회제도에 불만을 품지 말고 긍정적인 선행으로 자신의 분수에 만족하며 살아가라는 뜻으로도 비친다. 하지만 이것은 모든 인간이 '천(天)'의 섭리를 기본으로 하는 선한 성품과 신의로 서로 존중하는 평화로운 사회를 이룩하라는 것이다. 즉, 통치자뿐만 아니라 각 신분층의 사람들에게 비도덕적인 행위를 금하고 끊임없는 선(善)으로 인격함양과 가정의 화목, 사회 참여, 국가를 다스리는 문제에 이르기까지 광범위한 원칙론을 제시하고 있다.[2] 특히 천(天)의 관념을 중심으로 한 선과 효(孝)와 예(禮) 사

---

2) 유가와 법가사상은 동시대의 배경을 가진 것으로 부국강병이 통치자의 궁극적인 목표라는 점에서는 일치하지만, 유가에서는 부국강병 외에도 백성의 신임을 가장 중요시 여긴다. 이는 오로지 통치자의 덕을 통해서 얻어지는 것이다. 반면에 한비자가 집대성한 법가사상에서는 부국강병을 위해 통치수단으로 법치(法治), 술치(術治), 세치(勢治)를 통치원리로 제시하고 있다. 즉 법가에서는 법과 제도를 바탕으로 권력과 용인술(用人術)을 발휘함으로써 부국강병을 이루는 것이다.

상을 강조한 『명심보감』은 조선시대 이후 가정과 사회에서 윤리도덕의 교본으로 선인들이 항상 곁에 두고 읽으면서 마음을 닦아왔던 책이다. 그러므로 우리의 일상에서도 수신제가치국평천하의 기본이 되는 선행의 올바른 마음가짐은 남을 위하기 이전에 자신의 생의 올바른 정신적 지침이 된다.

그러므로 오늘날에도 『명심보감』은 선·효·예를 강조한 대표적인 윤리 교육서로서 가정과 사회 및 학교 교육의 장에서 회자되고 있어 여전히 유의미하다고 본다. 그러나 오늘날의 사회 지도층이라 불리는 인사들(국회의원이나 법조인을 포함한 공직자)의 일부는 갖은 편법과 탈법을 동원하여 의무와 권리에 위배되는 비리로 인하여 국민들의 신뢰를 잃은 것은 물론 준법정신을 극도로 해이하게 만들고 있다.

2. 「악(惡)」

악은 우리의 삶을 고통스럽게 만든다

(1) '악(惡)'이란 무엇인가

인간의 인위적 행위로 자행되는 악은 우리의 자연적 삶을 방해하거나 고통스럽게 한다. 설혹 그 행위가 무지(無知)에서 나온 것이라 할지라도 상대를 해롭게 하는 행위는 악이다.

예를 들면 밤늦은 시간의 고성방가(高聲放歌)나 시도 때도 없이 울리는 스팸 문자와 전화가 그러하다. 보다 심각한 것은 안보를 위협하는 핵실험을 비롯하여 세계 도처에서 지속되는 대립과 전쟁으로 인한 인권 탄압과 살상이다. 이러한 인위적 직접적 행위 외에 지구 온난화로 초래되는 다양한 위험한 환경과 인간이 태어나서 죽는 과정에서 피할 수 없는 부정적 현상도 악의 범위에 포함된다.

특히 우리사회의 악은 대부분 내용의 질보다 오로지 이익창출·경제논리의 미명아래 자행된다. 심지어 공직의 정의와 국가의 장래와 안위도 뒤로 하고 사적(私的) 이익에만 골몰하는 사회 지도층들이 부지기수이다. 이미 원자력 관련 불량부품이나 방산비리 등, 소위 엘리트들이라 불리는 전관 마피아들의 수단과 방법을 가리지 않는 부정부패에서 드러나듯이 일부 관료·법조계·경제계의 공직 출신들이 산하 단체나 관련 기관의 주요직에서 과거의 인맥과 직책을 이용하여 무소불위(無所不爲)의 힘을 휘두르는 관피아·법피아·금피아의 적폐(積弊)는 새로운 악으로 부상하고 있다.

그와 관련하여 각종 사기사건, 사기꾼이 권력자나 법집행을 하는 율사(律士)들에게 수익금 일부를 상납하면 그에 합당한 형량보다 적은 형량을 받거나 적당한 판결이 나는 전관예우의 희한한 관행의 '유전무죄 무전유죄(有錢無罪, 無錢有罪)'는 용서하기 어렵다. 그 부정이 이제는 그대로 윗물이 되어 아래로 흘러내려 사(私)가 공(公)을 불신하고 능멸(凌蔑)하는 지경에까지 이르렀다.

이른바 서민 사회인 여항(閭巷)에서도 내가 남보다 우월하다는 우생학 횡행 사회악으로 집단 따돌림과 폭력·차별·착취, 재물중심 사고의 재산다툼과 그로 인한 울화(鬱火), 이른바 맨탈 붕괴의 존속살인·층간 소음관련 묻지 마 칼부림·도를 초월한 성폭력 등 갖가지 범죄가 마치 불교에서 말하는 말법변토(末法邊土)의 악인들이 우글거리는 세상을 연상케 하는 것이 요즘 우리 세간의 실태라 하여도 과언이 아니다. 여기에 더해 최근 우리 사회는 이념 대립과 갈등으로 자신과 생각이 달라도 악, 무엇인가 모자라게 보여도 악, 악이 남용·오용 변질되고 있다.

인의(仁義)의 도를 주장하고 실천궁행(實踐躬行)하며 늘 나라의 안위를 걱정하던 퇴계 이황(李滉, 1501-1570)과 그의 제자 유성룡(柳成龍, 1542-1607), 유성룡의 각별한 신임 속에 풍전등화(風前燈火)의 국난으로부터 나라를 구한 이순신(李舜臣, 1545-1508), 나라를 잃고 주권을 회복하고자 대한독립에 온 일생을 바친 안중근(安重根,

1879-1910) 의사 등의 위인들에게 부끄럽고 미안한 형국(形局)이 된 현실을 안타까워하며 왜 이 나라에 이렇게 많은 악이 극성을 부리게 되었을까? 그래도 한때는 동방예의지국이라고 불렸던 이 나라의 정치와 법조계를 비롯하여 종교계와 국방·교육에 진정한 도덕과 양심이 회복되는 날은 언제일까를 고심하며 악의 원류를 고찰해 보고자 한다.

(2) 악의 어원 및 동서양의 악

악(惡 Evil)은 동자이음(同字異音) 글자인 흉할 아(亞)자와 마음 심(心)자를 합쳐서 만든 회의(會意)문자이자 형성(形聲)문자로 선(善)의 반대어라고 생각하고 있다. 그러나 '선과 악', '좋다·나쁘다'의 대비는 영어의 'Good-Bad'와 마찬가지로 도덕적 의미만으로 한정하지 않고 미추(美醜)·길흉(吉凶)·행불행(幸不幸) 등도 포함된다.

또 악(惡)은 대부분 '악할 악'으로 읽지만, 노자의 『도덕경』에서처럼 동양에서는 악(惡)이라는 개념 대신 미(美)의 반대적 의미를 가진 추함, 즉 오(惡)라는 개념으로도 사용되어 왔다. '미워할 오'로 읽을 경우 혐오(嫌惡)·증오(憎惡)·오심(惡心) 등이라는 두 가지 뜻과 음을 가진 동자이음이의(同字異音異議)로 악하다, 미워하다, 나쁘다, 추하다, 더럽다 등 도덕적 인간적 사상적으로 세상의 뭇 나쁜 것을 총칭하는 의미가 있다.

즉 한자 악(惡)은 좁게는 인간의 의지·태도·행위가 도덕적 규범에 어긋나는 것을 말하며, 넓게는 사물이나 행위가 인간이 추구하는 가치와 반대될 경우이다. 이 악(惡)이라는 문제는 오래 전부터 윤리학과 관련하여 동서양에서 서로 다른 견해를 보였다.

먼저 서양의 고전인 『성경(聖經)』의 경우, 악은 사탄 마귀의 속성으로 마귀가 하는 모든 것이 악으로 규정되었다. 주지하는바와 같이 고대 그리스도교 정통교의에서는 절대자로서의 신은 악의 성질을 일체 지니지 않은 무로부터 우주와 인간을 창조했다고 한다. 그러나 지존(至尊)인 그 신이 창조하였다는 이 세상에 악이 존재하는 것은 무엇 때문일까?

이 난해한 문제를 해명하기 위해 그리스도교 윤리학에서는 악이 '선의 결핍'이라는 정의를 내렸다. '선의 결핍'이라는 것은 본래 악 그 자체가 존재하지 않는다는 것으로 악은 선의 분량이 적거나, 제로가 된 상태라는 것이다. 그러나 이 세상에 많은 악이 퍼진 것은 아담과 하와가 신의 명령을 배반하고 선악과(善惡果)[3]에 손을 대어 타락한 것처럼, 우주와 인간을 창조한 신의 의지를 거역한 인간의 본성적 경향인 원죄에 있다고 간주한다.

그리하여 그 원죄에 대한 벌은 인간의 본성을 도덕적으로 타락시키며, 악덕이라는 습성을 지니게 되어 쉽게 유혹에 빠져 죄를 저지르게 하며 신체의 고통과 죽음을 불러오는 벌을 받는다는 것이다. 이 악에서 벗어나기 위해서는 하나님의 선행기준을 잘 따르는 것이라고 하며, 이것이 가능하도록 예수를 구제자로 보내어 그를 본보기로 선(善)을 실천하면 악이 없는 낙원에서 영생이 가능하다고 하였다. 이와 같이 서양에서 악(惡)은 인류의 원죄로 애초부터 신과 결합시키고 있다.

---

3) 선악을 알게 하는 금단(禁斷)의 열매로 하나님께서 최초 인류로 불리는 아담과 하와에게 이 열매를 먹는 것을 금하였으나 아담과 하와는 그 명령을 어기고 따먹은 불순종의 결과 에덴동산에서 추방되어 고통과 죽음을 맛보게 되었다고 한다.(창세기, 2:15 -3:24)

그러나 동양에서는 서양에서처럼 악을 신과 결부시키지 않는다. 우선 악(惡)하면 떠오르는 순자(荀子, 기원전 298?-238?)의 성악설을 잠시 살펴보면, 순자가 주장하는 사람의 본성은 날 때부터 이기적 이익을 구하고 서로 질투하고 미워하기 때문에 쟁탈이 생기고 사양함이 없어지므로 그대로 놔두면 싸움이 그치지 않는다는 것이다. 그러므로 이것을 고치기 위해서는 예를 배우고 정신을 수련해야만 한다.

곧 사람의 본성을 선하게 하기 위해서는 '위(僞)', 작위(作爲)의 뜻을 가진 인위(人爲)가 필요하다는 뜻이다. 순자에 의하면, 성인의 예의 법도에 따르고 사회질서를 준수하여 인류사회의 평화와 안정에 기여하는 행위가 선이고, 반대로 인간의 본성에 따라 혼란을 조성하는 행위가 악이 된다. 순자는 인간의 본성은 악(惡)이며, 항상 욕망에 의해서 쟁란(爭亂)을 일으키는 존재라고 보았기 때문에 쟁란을 수습하기 위해서 요(堯)·순(舜)과 같은 천하를 다스리는 성인이자 군주인 왕자(王者)가 예(禮)를 정한 것이라고 생각했다.

또 유가에서는 도심(道心)과 인심(人心)의 선한 면인 사단(四端: 惻隱之心, 羞惡之心, 辭讓之心, 是非之心)의 인의예지(仁義禮智)에 반하여 해하는 칠정(七情: 喜怒哀懼愛惡慾)을 악으로 간주한다. 그러나 『논어』나 『맹자』 등 사서(四書)에서 살펴 본 바로 악은 '선(善)의 결핍'이나, 선과 대립구도가 아니라 단지 불선(不善)이라는 개념을 사용하는 경우가 많다. 앞에서도 언급한 것처럼 노자의 『도덕경』에는 추함을 불선으로 보았고(천하가 모두 아름답다고 여기는 것을 아름답다 하지만 이것은 추한 것일 수 있고, 모두 선하다고 여기는 것을 선하다 하지만 불선일 수도 있다. 天下皆之美之爲美, 斯惡己, 皆知善之爲善, 斯不善己), 맹자와 같은 시대에 살았던 고자(告子)는 '선'도 '악'도 아닌 환경에 지배받는다는 유물론과도 맞닿는 주장을 하였다.

이와 같이 동양에서는 이미 고대에 선에 대비된 개념으로 악보다는 불선(不善)이라는 용어를 즐겨 사용하여 왔다. 고대의 여러 선서(善書)의 좋은 명구를 인용하여 만들어진 『명심보감』에서도 선에 대비된 개념으로 불선을 사용하는 경우가 많이 보인다.(爲善者, 天報之以福, 爲不善者, 天報之以禍.「繼善篇」1조)

(3) 순자의 성악설

서양의 신앙과 동양의 사상, 그 중간에 위치하면서 신앙과 사상을 결합해서 불교를 탄생 시킨 인도의 인과법칙은 공맹이 말하는 선에는 복(福), 불선에는 화(禍)와 일맥상통한다. 불교에서 악은 산스크리트 파파(pāpa)에서 온 것으로 올바르지도 청정하지도 않아 현재와 미래에 걸쳐 자신과 남에게 해가 되는 것으로, 궁극적인 진리에 따르지 않는 것을 의미한다. 구체적인 악은, 살생(殺生)·투도(偸盜)·사음(邪淫)·망어(妄語)·기어(奇語)·양설(兩舌)·악구(惡口)·탐애(貪愛)·진애(塵埃)·치암(癡暗)이다.

이처럼 동양에서는 선과 악을 인간의 원죄와 관련시키지 않고 인간성에 내재하는 두 개의 심리적 경향으로 보아 맹자는 성선설(性善說)을 주장했고 순자는 성악설(性惡說)을 제기하였는데, 맹자의 생각은 인간의 본성에는 양심과 방심이라는 두 가지 경향이 있다고 하였다. 이 두 경향 중에서 맹자는 양심에 중점을 두고, 인간의 본성은 선이라고 하였고 순자는 방심에 중점을 두면서 윤리나 정치의 문제를 고려하여 도덕은 인간의 노력에 의해서 예의를 정하고 방심으로 향하는 경향을 억제하는 것이라고 주장했다. 우리나라는 조선조 이래 양심인 선의 실천에 노력하고, 본능적인 욕망인 사욕(私慾)을 억제해야 한다는 맹자의 성선설을 신봉하였는데, 이 맹자의 성선설에 입각한 악에 대한 다양한 금언(金言)은 유가서적에 만재해 있다.

그 중에서도 서민들에게도 지대한 영향을 끼친『명심보감』에서 논하고 있는 '악'에 대해 살펴보면, '악이란 모름지기 멀리해야 할 대상(惡必須遠. 繼善篇 35조)'으로 '악을 피하기를 마치 뱀이나 전갈을 두려워하듯이 하라(避惡如畏蛇蝎. 44조)'고 하였다. 또 '악한 사람과 사귐은 마치 아이를 안고 담 위에 올라가는 것과 같아 한 사람만 발을 헛디뎌도 두 사람이 재앙을 만난다(與惡人交者, 如抱子上墻, 一人失脚, 兩人遭殃. 744조)'고 하였다.

이와 같이 악은 뱀이나 전갈 보듯 두려워하고 피하여야 하는 존재로 그렇지 않고 만약 악을 행할 경우에는 하늘의 벌은 착오가 없이 시행된다고 한다(人心惡, 天不錯. 13조). 또 칼에 베인 상처는 쉽게 치료할 수 있으나, 악한 말은 소멸시키기가 어려우므로(刀瘡易可, 惡語難消. 730조), 악을 밖으로 끌어내지 말아야 한다며 악을 덮어둘 것을 논하고 있다.

나아가 자신의 악함을 공격하되 남의 악함을 공격하지는 말며(攻其惡, 無攻人之惡. 134조), 자신의 내면 속의 악을 스스로 징계하되 남의 악을 말할 때는 자신도 그런 대우를 받은 듯이 하고(言人之惡, 若己受之. 114조). 남의 악한 일을 보거든 모름지기 이를 덮어주라(見人惡事, 卽須掩之. 113조)고 하였다.

남의 악을 들추어내면 소인이 되므로(揚人之惡, 斯爲小人. 114조), 악은 남의 그릇됨을 들춰내는 것보다 심한 것이 없다(惡莫甚於言人之非. 158조)고 하였다. 그러므로 타인이 남의 악담을 늘어놓아도 동조하지 말며, 남의 악한 말 듣기를 마치 가시를 짊어진 듯이 하라(聞人言人之惡, 未嘗和. 聞人之惡, 如負芒刺. 117조)고 하였다.

『명심보감』에서 이와 같이 남의 그릇됨과 악을 들추어 내지 말고 피하라거나 남의 악 듣기를 가시를 짊어진 듯이 하라고 말한 것을 곰곰이 생각해보면 아마도 자신의 잘못을 반성하기 보다는 다른 사람의 악을 들추어 공격하고 스스로를 방어하고자 하는 세태에 대한 경구가 아닐까 생각한다. 일찍이 퇴계도 유사한 말로 악한 바를 스스로 깨닫고 악행을 하지 않아야 한다고 하며, 나의 악한 바를 스스로 깨닫지 못하거든 다른 사람을 보아 나를 경계하고 악을 보고 선을 깨닫도록 하라고 하였다.(吾之所惡 如不自覺, 見他警余 見惡覺善, 不知善惡 何論是非, 以是之故 禹拜昌言.「戒懲勵」)

또 퇴계는 악하고 완고한 자가 스스로 반성하고 깨닫도록 악한 자에게 오히려 잘 해라고 까지 하였다.(人有頑者 我以敬之. 惡者反善 頑者反敬, 南北東西 無有不敬.「戒心腹」). 이와 같이 퇴계의 철학이나『명심보감』에서 나오는 것처럼 남의 나쁜 말을 들으면 자신의 부모님에 대한 악담이라 생각하고 동조하지 말라는 가르침과 같은 맥락의 사상이 전적으로 옳다고 할 수는 없다. 이러한 사상은 자칫 악을 용인하는 것으로 오해를 불러 악용될 소지가 충분하기 때문이다. 특히 현대 사회는 사람이나 물질이 너무 다양하고 복잡하며, 도덕과 양심을 뒤로 한 이기가 만연해 있기 때문에 개인의 양심에만 맡겨두어서는 안 된다고 생각한다.

(4) 간신(奸臣)과 악

인간의 역사에서 악의 무리를 철저히 응징하지 않아 이미 악이 선을 공격한 예는 무수히 많다. 그 중에서 이른바 '간신(奸臣)'이라 불리며 후세를 위해 무릎 꿇린 동상이 세워진 남송(南宋)의 대신(大臣)이자 간신 진회(秦檜, 1090-1155)도 그 중의 한 사람이다. 명장이자 서예가로 북송이 멸망할 무렵 의용군에 참전하여 공을 쌓아 재상(宰相)까지 역임한 그는 자신의 부와 권력과 명성과 지위를 잃지 않기 위해 송나라 고종(高宗)에게 금(金)나라에의 투항을 권유하고, 송을 위해 고군분투하던 악비(岳飛, 1103-1141)에게 누명을 씌워 죽였다. 후에 그의 간악(奸惡)이 탈로나 지금도 두 손을 뒤로 묶인 채, 무릎을 꿇은 동상으로 남아 세상 사람들의 조롱을 받고 있다.

칙천무후(則天武后, 624-705, 당나라 3대 고종황제의 황후)는 황후의 자리를 탐내 갓 낳은 자신의 친딸을 죽이고, 황후가 죽였다고 모함하여 황후를 폐서인시킨 것도 모자라 쫓겨난 황후의 손발을 자른 뒤 술 항아리에 산채로 넣어 죽였다. 또 실권을 잡은 뒤에도 자신의 지나친 행동을 바로 잡으려는 친 아들 효경(孝敬)태자 이홍(李弘, 652-675)[4]과 그의 동생 장회(章懷)태자 이현(李賢, 653-684)[5]마져 독살

4) 아버지 고종의 품성을 이어받아 어질고 자상하여 어릴 적부터 어머니 무미가 남들을 핍박할 때, 그들을 몰래 돕고 위로하며 목숨을 구해주기도 하였다. 고

시키고 수많은 친인척을 죽였다. 비록 그녀가 가문과 혈통을 중심으로 하기보다 능력 위주의 관료 등용이라는 기풍을 진작시켜 당나라의 전성기를 예비했다는 평가를 받는다 할지라도 그녀는 악의 극치인 것은 분명하다.

어디 중국뿐이겠는가. 권력을 위해 형제들을 죽이고 충신들을 척살한 조선의 태종 이방원(太宗 李芳遠, 1367-1422)이나 김종서(金宗瑞, 1383-1453)를 살해한 후, 단종을 쫓아내고 성삼문(成三問, 1418-1456) 등 집현전 출신을 비롯하여 수많은 단종 지지자들을 살해한 세조(世祖, 1417-1468) 또한 그 이후의 치적이 어떠하든 간에 악을 자행했던 사실은 덮을 수 없다. 만약 이후의 치적으로 앞의 악행이 덮인다면 아마 인간의 역사는 악의 역사가 될 것이다.

물론 그 주위에는 그들을 부추긴 무수한 간신들이 있었다. 뿐만 아니라 조선 중기의 척신 윤원형(戚臣 尹元衡, 1509-1565)의 첩으로 윤원형과 문정왕후의 권세에 편승하여 부정한 방법으로 권력의 단맛을 보면서 독살사건에 직접적으로 관여한 정난정(鄭蘭貞, ?-1565)과 같은 사악한 여인도 있었다.

종 황제도 수많은 신하들에게 신뢰받았던 덕망 높은 아들을 자랑스럽게 생각하였다. 그런데 고종의 병세가 날로 악화되어 이홍에게 빨리 왕위를 물려주려 했다. 그러나 무미는 아직은 때가 아니라고 판단했다가 결심이 선 후, 이홍은 24세 때에 독살되었다. 이홍 사망 후, 한 달 만에 둘째 아들 '이현'이 황태자로 책봉됐다.

5) 자는 명윤(明允), 당나라 고종(高宗)의 아들로 무측천(武則天)의 소생이다. 655(永徽 6)년에 왕에 봉해졌고 675(上元 2)년에 황태자가 되었다. 나중에 모친 무측천과 간극이 생겨 680(永隆 1)년에 서인으로 폐위됐고 파주(巴州)로 쫓겨났다가 무측천이 정사를 맡은 후 자살을 명받았다.

또 조슈번(長州藩) 출신의 주한일본공사 미우라 고로(浦梧樓, 1846-1926)가 수십 명의 일본인 낭인과 수비대를 하수인으로 고용하여 1895년 8월 20일 명성황후를 시해한 을미사변(乙未事變) 때, 훈련대 제2 대대장으로 휘하장병을 이끌고 일본군 수비대와 함께 명성황후 시해에 가담한 우범선(禹範善, 1857-1903)이나 을사오적(乙巳五賊)[6]과 같은 역적도 있었다.

이러한 역사를 읽으면, 맹자보다도 순자(荀子)가 떠오른다. 순자가 비록 사람의 성품을 부정적인 '악'으로 정의했지만, 그 역시 교육을 강조하기 위해서다. 순자로부터 많은 세월이 흘러왔다. 그동안 쌓인 선서(善書)만 해도 다 헤아릴 수가 없고, 역사적 비판과 반성의 소리도 억겁을 이룰 지경이다. 그러나 역사가 악을 제대로 징벌하지 못했거나 교육이 부족해서인지, 아니면 예나 지금이나 인간 사회의 구조와 환경이 사람을 악하게 만들어서인지 아니면 순자가 말한 성악의 본성이 개조 불가능한 것인지 새삼 의문이 드는 오늘날이다. 교육마저 오로지 위인지학(爲人之學)의 이기(利己)에 초점이 맞추어져 이기적으로 흐르고, 그 의식이 무명(無明)을 가져오고, 그 무명이 집착(執着)과 갈애(渴愛)를 가져와 점점 악의 유혹에서 빠져나오지 못하고 있는 것 같다.

6) 외무대신 박제순(朴齊純), 내무대신 이지용(李址鎔), 군부대신 이근택(李根澤), 농상대신 권중현(權重顯), 학부대신 이완용(李完用)의 5명.

그리하여 우리 사회는 분에 넘치는 완장을 차고 휘두르는 저급한 영혼이 사회 곳곳을 휘젓고 다니는 형국이 되었다. 물론 사회 곳곳에는 여전히 많은 따뜻한 '선(善)'들이 보이지 않고, 들리지 않는 어렵고 상처 난 곳을 찾아다니며 치유하고 있다. 그런 선인(善人)들이 우리 사회를 지탱하고 이끌어가고 있음은 두말 할 나위가 없다. 그러므로 더 더욱 이러한 선행을 무력화시키고 회의하게 만드는 악에 대한 분명하고 강력한 처벌이 필요 할 것이다.

그렇지 않다면 순자가 말한 인간의 악한 본성이 이 사회를 가득 메울 것이며, 성선(性善)은 자리 할 곳이 없거나 숨이 막혀 어딘가 깊은 곳으로 숨어버릴 것이다. 선을 살리고 득세하게 만들어 이 지구상에 악이 사라지고 여민동락(與民同樂)의 대동사회(大同社會)나 미륵세계가 도래하는 날이 온다면 그때가 언제라 할지라도 살아서 맞이하고 싶은 것이 우리 모두의 소망일 것이다.

3. 천(天)

천이란 무엇이고, 어떤 의미를 내포하는가

(1) '천(天)'이란 무엇인가(이상향, 데바, 천국, 정토, 피안, 극락, 길흉화복 주관)

먼저 '천(天)'의 사전적 의미는 하늘·하느님·임금·천황·제왕·천자·천명·천기·천성·천연·천체 등이다. 우리의 일상생활에서 천은 역사적 변화 속에서 다양한 기원(祈願)이나 의미·유래의 사상체계를 가지고 있다. 범어 데바(deva)로써의 '천'은 인도에서 모든 신을 통틀어 일컫는 말이기도 하다.

이 하늘 '천'은 탐욕의 세계인 욕계천(欲界天)과 탐욕을 떠난 물질의 세계인 색계천(色界天), 물질적인 것은 일체 없이 심식(心識)만 있는 무색계천(無色界天) 등으로 나누기도 한다. 불교에서 물리적 '천'은 허공으로 마음의 '천'과 구별되는데, 초기 불교 교단에서는 열반에 도달하는 것이 궁극적 목적이었으나 주로 재가 신자들에게 권장된 선행으로 죽어서 천상계에 태어난다는 생천(生天)이다.

도덕적으로 선한 생활을 하면 천상계에 태어난다는 가르침은 당시 인도의 민중 신앙이었는데 세속 교리로서 불교는 그것을 수용하였다. 대승불교에서의 정토신앙은 이러한 '천' 사상이 발달한 형태로 정토는 절대의 경지로서, 피안은 완성을 의미하지만 일반 민중에게는 사후 이상향으로 간주되었다.

유교에서 '천'의 기원은 ① 은(殷)나라 때에 조물주와 같은 의미로 인간을 포함한 우주변화의 존재근거이며, 우주만물의 생성과 변화를 주관하는 주재자이자 황제의 조상신인 제(帝) 신앙에서 시작하였다. 이때는 인간의 길흉화복을 시작으로 자연현상·수렵·전쟁 등 인간계·자연계의 전부가 제(帝)라고 하는 절대자에 의해 결정되었다.

인간의 운명도 帝에 의해 미리 정해져 있는 숙명관을 볼 수 있는데, 은나라 왕도 실제 점(占)에 의해 자신의 진퇴 여부를 판단했다고 한다. 그 이후 ② 주(周)나라 때의 '천'은 은나라 때와 같이 황제의 조상신이라고 하는 사적인 관계를 탈피하여 어느 민족과도 사적 관계를 가지지 않는 공평무사한 최고의 신으로 간주되었다. 그리고 군주의 도덕성 여하에 따라 그 나라의 화복·운명을 좌우하는 천명을 내린다는 새로운 '천' 관념이 생겨났다.

이 관념은 은나라 폭군 주(紂)왕을 덕을 갖춘 주나라가 벌한 것은 천명에 따른 것이라는 명분론을 제공하고 있다. 즉 천은 인간에게 덕을 베풀었는데, 그 인간이 덕을 잃으면 언제든지 천명을 거두고 재앙을 내리는 인격적 존재로 인식되었다. 이것에 의해 인간은 은나라 때의 운명관의 중압으로부터 해방되어, 다소 자유행동의 주체성을 보이기 시작했는데, 주나라 때의 혁명론은 그 대표적인 예라고 할 수 있다.

③ 춘추전국시대에 들어와서는 상제천(上帝天)을 대신한 자연천 관념이 주도적 사상이 되었다. 공자가 『시경』과 『서경』을 엮은 까닭은 춘추시대 패도(覇道)정치를 바로 잡아 천명 정치를 펼치고자 한 의도였다.

'하늘의 도리'가 있고 그것은 인간만사를 주재한다는 것이 유학사상의 뿌리이기도한데, 공자의 『논어』에서 하늘은 의지를 가진 '주재지천(主宰之天)'이다. 천명은 곧 인간본성이므로 군자는 홀로 있을 때에도 천명을 따라야 한다고 한다. 그러나 이를 계승한 맹자는 백성들을 위해 신을 갈아치워도 된다는 변혁적 민본주의의 길을 열었다.

이러한 천명사상은 ④ 한나라 이후 도교의 공과(功過)응보사상과 결합하게 된다. ⑤ 한국의 경우, 고조선의 건국이념인 홍익인간 사상에 드러나 있듯이 하늘은 인간의 모든 일을 주관하는 존재로 인식되었다. 「삼국지위지동이전(三國志魏志東夷傳)』의 기록에 보이는 바와 같이 부여의 영고, 예의 무천, 마한의 천군 등의 국중 행사는 자연에 대한 단순한 공포 보다는 최고 유일신에 대한 경외와 경배의 제의(祭儀)였다.

(2) 인격적 존재로서의 천

동양에서 강조하는 '천'은 문자 그대로 직접 하늘을 가리키는 것 외에 역사적으로는 사람들에게 의인적 성격을 지닌 인격적 존재로 받아들여졌다. 이때의 인격적 존재란 사람들의 일상적 행동을 정확하게 평가하고 하늘이 거기에 알맞은 응보를 내려 악행에는 엄한 벌이 기다린다는 의미로 "하늘의 그물망 같은 눈은 크고 성긴 듯이 보이지만 결코 새는 일이 없다(天網恢恢, 疎而不漏. 「天命篇」 17조)"는 구절이 현실감을 더하고 있다.

이러한 의미에서 "하늘의 그물망 운운" 하는 것은 '천'의 성격 모두를 여실히 드러내 보이고 있다. 즉 하늘의 그물은 성긴 것처럼 보이지만 사람들의 언행을 확실하게 지배하며, 적절한 응보를 내린다는 것이다. 이와 같은 천도는 형이상학적인 존재이자, 결코 사람들의 오감에 의해서는 파악할 수 없는 지극히 종교적인 존재이기도 하다. 그래서 '천'은 유덕(有德)·안민(安民)이라고 하는 기준에 따라 왕조에 천명을 내리는 것으로 고대 동아시아의 선인들은 종교적 경지로서 천도를 의식하였다.

전근대까지만 해도 한국 중국에서의 최고의 위정자는 천자로 불리며 천도에 따른 강한 도덕성이 요구되었다. 또 일본 전국시대의 많은 무장 위정자들도 자신의 영토 안에서 어떻게 하면 천이 기뻐하는 선정을 베풀 수 있을까를 고심했던 것이다.

유가에서 유래한 '천' 또는 '신'의 관념 역시 윤리적 측면과 신비적 측면의 양면성이 있다. 먼저 윤리적 측면으로 신과 부처 등의 초월적이고 절대적인 존재에 필적하는 천리로서 현실 세계인 자연계와 인간계에 내재하는 것으로 믿는 주자학적인 천(天), 즉 리(理)는 사람들을 도덕적으로 규제함으로써 보다 차원 높은 인간을 만들어 내는 것이 목적이다. 여기에서의 '천' 내지 천도는 '신'에 필적할 만한 속성을 지닌 존재로서, 인간에게 내재한 윤리적 긴장, 정치에 관여하는 위정자들에게도 선정을 베풀어야 한다는 내적 요청을 유발시키기도 한다.

다음으로 신비적 측면으로 도교의 '신' 관념도 수용하면서 중국 고대의 유교와 같이 헤아릴 수 없고 알 수 없는 존재로 현실 세계에 외재하는 인격적인 존재라고 믿는 사고이다. 이 두 부류의 관념 중에서도 『명심보감』의 '천'은 명확한 의지를 가지고 인간 행위의 선악에 엄한 상벌과 응보를 내리는 인격신이다.

(3) 천은 착한 사람에게 복을 내린다

『명심보감』의 '천' 관념을 구체적으로 보면, "착한 일을 한 사람에게는 하늘이 복을 내리고, 착하지 못한 일을 한 사람에게는 하늘이 벌을 내린다(爲善者, 天報之以福, 爲不善者, 天報之以禍. 繼善篇 1條)"고 하는 엄격한 인격신이다. 즉 '천'은 좋은 자질을 가진 사람에게는 복(福)을, 그렇지 못한 사람에게는 화(禍)을 내린다.

또 '천명편'에서의 '천'은 인간의 악에 대해서 강한 벌을 강조하며, 인간은 선행을 해야 모든 일이 순조롭다는 천도의 증언을 들어 천명을 깨닫고 거기에 순응하지 않으면 안 된다는 것을 말하고 있다. 몇 가지 금언을 좀 더 살펴보면 다음과 같다.

> 하늘의 뜻에 따르는 자는 살고 하늘의 뜻에 거스르는 자는 망한다
> (順天者存, 逆天者亡. 天命篇 1條).
> 하늘에 죄를 짓게 되면 빌 곳이 없다
> (子曰, 獲罪於天, 無所禱也. 天命篇 19條).

> 나쁜 마음이 가득하면, 하늘은 반드시 이를 죽인다
> (益智書云, 惡鑵若滿, 天必戮之. 天命篇 15條).

> 만일 사람이 선하지 못한 일을 하여 이름을 세상에 드러낸 사람은, 비록 사람이 해하지 않을지라도, 하늘은 반드시 그를 죽인다

(莊子曰, 若人作不善, 得顯名者, 人不害, 天必誅之. 天命篇 16條).

여기에서의 '천'은 인간의 길흉화복, 개인의 마음의 옳고 그름, 행위의 선악에 관한 것으로 음덕양보·자업자득 사상이 밑받침이 되어 넓게는 도교의 적선법(積善法)과 불교의 인과(因果) 사상과도 일치한다. 또 '천' 혹은 '신'은 인간의 의지와 바람을 초월하여 인간의 운명을 결정짓는다.

일을 꾀하는 것은 사람에 있고, 일의 성사여부는 하늘에 있다
(諸葛武侯曰, 謀事在人, 成事在天. 天命篇 3條).

죽고 사는 것은 운명에 있고, 부함과 귀함은 하늘에 있다
(死生有命, 富貴在天. 順命篇 1條).

장수와 요절은 천명이 아님이 없다
(壽夭莫非命. 安分篇 7條).

부귀빈천과 장수요절 등은 인간의 힘으로는 어떻게 할 수 없는 운명이 있다는 말이다. 인간의 생사·부귀가 하늘에 달려있으니 분수에 맞게 살면서 이미 정해진 운명에 순응하지 않으면 안 된다는 것을 말하고 있다. 「천명편」에서는 「계선편」을 이어받아 절대자에 의해 만들어진 도에 순응하는 것이 올바른 도리이며 인간의 올바르지 못한 도리에는 반드시 '천'의 강한 응보가 있다고 한다.

즉 『명심보감』의 천도복선화음(天道福善禍淫)의 '천' 관념에는 선한 자에게 복을 주고 악한 자에게 재앙을 내리는 인간행위의 선악에 상벌을 주는 것과 인간의 운명을 일방적으로 결정짓는 것의 양자가 있다. 사람으로서 천리에 따라 선한 행동을 하는 사람에게는 하늘이 복을 베풀어 구하지 않아도 자연스럽게 이익이 따라 오래 번영하게 된다. 그러나 천리에 따르지 않고 인간의 욕구에 따라 악한 행동을 하면 예상치 못한 재앙이 따른다는 것이다.

(4) 강력한 인과응보로서의 천

모든 사람의 선악에는 반드시 합당한 응보가 따르는 하늘의 섭리로 조금도 착오가 없다는 것이다. 전지전능한 천 관념의 이러한 업보사상에는 힌두교의 '카르마(업·행위)'나 불교의 윤회사상에 의한 '인과응보'처럼 인간은 누구나 자신의 선악행위의 결과로부터 자유로울 수가 없고, 천의 감찰에 의한 책임은 반드시 행위자 본인에게 따른다는 것을 강조하고 있다.(人間私語, 天聽若雷. 暗室欺心, 神目如電.「天命篇」7조).

그러므로 인간은 천의 엄격한 응보·초월적인 힘을 의식하며 선(善)한 행동을 하는 것이 중요하다. 그러나 미약하지만『명심보감』의 천은 인간의 조그마한 실수나 한순간의 악행은 그 보다 훨씬 많은 선행의 노력으로 변화시킬 수 있다는 가능성이 열려 있다. 이른바 전화위복의 사상이다.(其有曾行惡事後自改悔, 久久必獲吉慶. 所謂轉禍而爲福也.「繼善篇」41條).

잠시 일본의 경우를 보면, 일본 역시 근세 에도시대 초기에 '천도'나 '천'이라는 말이 여러 계층에서 유행하였다. 그 중에서 일본 근대문학의 거장 나츠메 소세키(夏目漱石, 1867-1916)가 즐겨 사용한 즉천거사(則天去私)라고 하는 말은 사심을 버리고 하늘의 뜻에 따라 살자는 의미로 모두 하늘에 나를 맡기는 종교적인 경지가 내포되어 있다.

한편 개인의 선행의 노력이 천신(天神)을 움직여 미리 정해진 운명인 천명을 바꿀 수 있다는 조명관(造命觀)도 있고, 이미 양명학자인 나카에 토주(中江藤樹, 1608-1648) · 히로세 단소(廣瀨淡窓, 1782-1856)와 같은 사상가는 그 조명관을 믿으며 매사 공과표를 작성하며 실생활에서 실천하였다. 또 일본 민간신앙에 보이는 '천조(天道)'는 불가시적이고 형이상학적인 존재보다 가시적인 태양을 의미하는 경우로 기존의 종교나 사상에 일원적으로 환원시킬 수 없는 복잡한 요소도 내포되어 있다.

이처럼 동아시아에서 천은 권선징악을 주관하고 인간세상의 질서를 바로잡기 위한 인간의 선악을 판단하여 모든 일을 정당하고 합리적으로 처리 한다고 생각하였다. 그러나 정치적으로 어느 정도 안정기에 접어든 근세 중기 이후부터는 선행을 하여도 고통 받고 살며, 죄를 짓고도 행복하게 사는 경우도 있다는 것을 인식하기 시작하였다. 즉 하늘과 인간사의 관계를 대립적인 시각으로 보며 하늘의 '도'를 따르고 거스름에 따라 인간사의 길흉이 결정된다고 보았으나 하늘과 상관없이 인간사가 결정되는 경우가 적지 않다는 것을 자각하였다.

이 모순을 극복하기 위하여 불가에서는 한번 지은 업인(業因)이 곧바로 그 과보를 받지 않더라도 돌고 돌다가 지은 인연이 모여 만날 때 언젠가는 받게 된다고 하였다. 가령 백겁 천겁이 지나더라도 지은 업은 없어지지 아니하여 인연이 만나는 날 과보를 다시 받는다.(假使百千劫, 所作業不亡, 因緣會遇時, 果報還自受). 그 과보를 받는 시기도 '순현보(順現報), 순생보(順生報), 순후부(順後報)'라고 하여 업보에 따라서 빨리 받는 것도 있고 늦게 받는 것이 있다는 것이다.

법가에서는 나약한 인간의 의지를 의심하며 그러한 모순을 없애기 위해 만든 것이 법제도이다. 그러나 법의 제정만으로는 인간의 부조리와 악행을 모두 막을 수는 없었다. 법으로 천도를 보완하려 했지만 법 또한 불평등한 경우가 있기 때문에 법과 천도의 조화가 절실히 요구되었다. 현대사회도 법이 중시되는 정의로운 사회라고 하지만, 특히 한국의 경우, 상하계층에 따라 법이 차등 적용되는 경우가 왕왕 발생하여 선량하게 사는 사람들의 이익을 대변해 주지 못하는 경우가 있다.

그러나 천도는 양심의 가책과 하늘을 두려워하는 마음을 갖게 하여 범죄의 억지력에 영향을 미친다는 점은 부인하기 어렵다. 그러므로 천도 사상을 존숭한다면 선량한 사람들이 하늘의 도에 희망을 가지고 열심히 살아갈 것이고, 죄를 저지르고도 벌을 받지 않는 사람들에게는 양심의 가책을 줌으로써 죄를 반성하게 하는 역할을 할 것이다. 즉 물리적 처벌은 일시적이지만 양심의 가책은 그 죄를 반성하고 용서를 구해야만 극복할 수 있기 때문에 부정부패와 사기가 난무하는 오늘날의 우리 사회에 법 보다 천도에 따른 도덕 중심의 양심의 도리가 더욱 요구된다.

4. 「신(神)」

신의 존재를 의식하며 믿어야 하는가

(1) '신(神)'은 존재 하는가

신(神, God)은 존재하는가. 존재한다면 어디에 있으며 어떤 역할을 하는 것인가? 인류 역사상 인간은 선사시대부터 눈에 보이지 않는 초월적 존재를 의식하고 그 모습을 찾으려고 애써왔는데, 그 초월적 존재가 바로 신이다. 유한한 삶을 사는 우리 인간은 이 초월적 존재인 신을 두려워하면서도 부정하기보다는 대체로 믿고 의지해 왔다고 할 수 있다.

그 예로 『논어』「태백편」에 "우임금은 귀신에게 효성을 다했다(禹…致孝乎鬼神)"라는 말을 들 수 있다. 이 말은 신에 대한 숭배가 오래되었다는 것을 알 수 있다.

반면 공자는 제자 계로가 귀신 섬김에 대해 묻자, "사람도 제대로 섬기지 못하거늘 어찌 귀신을 섬길 수 있겠느냐(務民之義, 敬鬼神而遠之. 『論語』「雍也」)"라며 사람 섬김을 우선시 했다. 또 공자는 괴이한 일, 폭력적인 일, 덕을 어지럽히는 일, 알 수 없는 귀신에 대한 일(怪力亂神), 이 네 가지에 대해서는 말하지 않고 일반적으로 덕으로 다스려지는 사람에 대해서만 말했다.

또 제자들이 죽음의 문제에 대해 질문해도 공자는 그저 "삶도 모르면서 죽음을 알아서 무엇 하리"라는 식으로 대답했다. 제자 번지가 지(知)에 대해 묻었을 때도 공자는 "백성이 지켜야 할 도리에 힘쓰고 귀신은 공경하되 멀리하는 것이 앎이라고 할 수 있다.(樊遲問

知, 子曰, 務民之義, 敬鬼神而遠之, 可謂知矣.)"라며 요원한 세계나 비현실적인 문제는 언급하려고 하지 않았다.

그러나 이를 두고 공자가 신의 존재를 부정했다고 하기 보다는 현실에서 함께 살아가는 사람들에 대해 먼저 인덕(仁德)을 행할 것을 강조한 것으로 보고 있다. 사후 세계에 관심을 가지며 초자연 현상에 마음을 빼앗기지 않도록 주의를 준 것으로 특히 지적 탐구심이 왕성한 사람일수록 오히려 신비주의에 빠져 드는 경우가 많기 때문에 기지(旣知)와 미지(未知)의 경계선을 분명히 하고자 한 것으로 보인다.

『명심보감』에서 인간이 생각하는 신은 성스럽고 거룩한 존재로 불가사의한 능력을 지니고 자연계를 지배하며, 생명을 치유·충만하게 한다. 또 동시에 선악을 분별하여 거기에 합당한 화복(禍福)을 내리는 존재이므로 인간은 항상 신을 의식하며 겸손하고 착한 행동을 하여야 한다고 말한다. 신을 의식한 덕성스러운 경건한 생활이야말로 신을 흠모하고 감복시키는 길이라는 것이다. 그러면 대표적인 예문 몇 구절을 함께 읽어보도록 하자.

* 선악의 응보는 마치 그림자가 그 형체를 따르는 것과 같다. 그러므로 사람이 그 마음을 선에서 시작하면 선이 비록 아직 실행되지는 않았다 해도 길한 신이 그를 따라준다. 그러나 혹 마음을 악에서 시작하면 악이 아직 실행되지 않았다 해도 흉한 신이 그를 따라온다.

(善惡之報, 如影隨形. 所以人心起於善, 善雖未爲, 而吉神以隨之. 或心起於惡, 惡雖未爲, 而凶神以隨之.「繼善篇」41조」)

* 하늘과 땅은 사사로움이 없으며 신명은 모든 것을 남모르게 살핀다. 제사를 흠향하지 않아도 복을 내릴 것에는 복을 내리며, 예를 놓치지 않았음에도 화를 내릴 것에는 화를 내린다.

(天地無私, 神明暗察, 不爲享祭而降福, 不爲失禮而降禍.「繼善篇」42조」)

* 사람끼리의 사사로운 말일지라도 하늘이 듣기는 우레처럼 크게 듣는다. 어두운 방안에서 마음을 속인다 해도 신의 눈에는 번개처럼 환하게 보인다.

(人間私語, 天聽若雷. 暗室欺心, 神目如電.「天命篇」7조」)

* 도가 높으면 용과 호랑이도 감복하고, 덕이 두터우면 귀신도 흠모한다.

(道高龍虎服. 德重鬼神欽.「正己篇」44조」)

* 마음을 정하고 욕심을 줄이면 귀신도 감복시킬 수 있다.

(定心寡欲, 可以服鬼神.「正己篇」45조」)

(2) 초월적 존재에 대한 외경(畏敬)

인류 역사상 인간의 신에 대한 인식과 숭배 방식은 개인과 집단의 문화적·역사적 조건과 삶의 가치관에 따라 그 개념과 성격을 달리한다. 즉 신은 인격적인 신과 초인격적인 신, 유일론적·다신론적·범신론적 신 등 다양하지만, 신이 초감각적인 존재이고 인간을 초월하는 힘을 지닌 존재라는 점에서는 동일하다.

원시인들도 현대인과 같이 초자연적인 신의 존재를 의식하며 삶과 죽음의 차이를 구별했는데, 원시사회에서는 자연물에 초자연적인 정령(精靈)이 머문다고 믿었다. 또 현대인들과 동일한 꿈이나 환상 속에서 자기가 육체를 떠나 분리되는 경험을 하는데, 꿈 등에서 자신의 육체를 떠나간 무엇인가는 육체와 구별되는 영(靈)이라고 생각했다. 육체를 떠난 이 영을 정령(精靈)이라고 하는데, 이 정령이 발전하여 신격(神格)이 생기게 된다고 한다. 인간의 원시적인 삶 속에서 지배적으로 작용하는 초자연적인 힘을 영국의 민속학자 코드링턴(Codrington, R.H. 1830-1922)은 마나(mana)라고 불렀다. 이 마나의 힘은 어떤 인격적인 모습을 가지지 않으면서 인간을 이롭게 하거나 해롭게 할 수 있다.

종교의 가장 기본적인 요소를 이루는 이 마나에는 주술적인 힘이나 생명관이 있으므로 선악(善惡) 모두에 작용하며 지배력을 행사한다. 산삼에 정령이 깃든 것으로 믿는 것과 같이 어떤 특정한 자연물과 깊은 관계를 가진 정령이나 악마와 같이 현실 세계에는 실체가 없는 초감각적인 영귀(靈鬼)이므로 이 마나는 어떤 것으로 고정될 수 없고, 거의 모든 사물에 존재한다는 것이다.

그래서 자연물이나 천체 현상을 의인화·종교화 하여 최초로 숭배하였다. 즉 인간의 능력을 초월한 천둥·번개·화산분화 등의 자연현상이나 두려움을 주는 거대한 돌이나 오랜 역사를 가진 고목·깊은 물 등을 중간 매개로 하여 그 힘을 발휘하거나 정령의 형태로 나타날 수도 있다.

인간생활과 밀접한 이해관계가 있는 농경이 큰 비중을 차지했던 우리나라를 비롯한 동아시아 일부 국가들은 대지모신(大地母神)이 신격화되어 숭배되었다. 또 인도차이나반도에서는 태양신, 노르웨이에서는 항해와 관련하여 바람의 신이 중요시되어 신격화 되었고, 젖소 사육을 주된 생업으로 하던 인도의 토다(Toda) 민족은 소를 신성시하였고, 일본의 아이누 민족은 곰을 신성시하였다.

(3) 한국 전래의 인격신

이 중에서 한국에서의 신은 하늘의 지배자를 중심으로 한 신과 민간 중심의 신으로 구별할 수 있다. 먼저 지배자 중심의 신으로는 건국신화를 들 수 있다. 건국신화의 주인공들은 제정일치적 관념의 인격신으로『삼국유사』에도 여러 신이 등장하는데 여기에 등장하는 신은 정치와 주술(呪術)을 아우르는 천인신(天人神)이다.

이 천인신은 옥황상제와 같이 천상에 존재하며, 최고의 신으로서 우주의 모든 현상을 지배·통솔하며 인간세상의 행복과 불행, 인간의 명운을 좌우하는 것으로 믿었다. 예로부터 추수 다음에 거행하던 제천의식은 곧 천신에 대한 제사로 천계에 존재하면서 인간의 운명을 조종하고 소원을 풀어준다고 믿었다.

천제(天帝)의 자손으로 고조선을 개국한 단군은 후에 국조신(國祖神)으로 숭상 받았으나 그는 아사달에서 자연신인 산신(山神)이 되었다고 한다. 또 고구려와 신라에서 국조신으로 제사를 지낸 주몽과 박혁거세도 천신·해의 아들(弗矩內)이다. 이와 같이 우리의 개국신으로 받들던 시조는 하느님의 아들로 일컬어진다. 한편 거의 모든 개국시조의 탄생과 깊은 관련이 있는 산을 신령시하여 예로부터 백두산·묘향산·북한산·금강산·설악산·태백산·지리산 등 전국의 명산은 옥저·고구려·예(濊)·백제·신라·고려·조선 등에서 신산으로 받들어 제사를 지냈다.

흰 옷을 입고 한 손에 지팡이를 짚고 백발노인의 모습을 하고 나타나 산신령으로 불리는 이 신의 영험한 능력을 믿으며 나라와 마을 단위로 제를 올리고 국태민안(國泰民安)과 풍작 등을 빌었다.

다음으로 민간에서 최고의 신으로 인식되는 옥황상제는 최상의 명복신(命福神)으로 제석천(帝釋天)과 더불어 무신(巫神)으로도 받들어졌다. 또 마을을 수호하는 당산신(서낭신)·골맥이신 등으로 불리는 동신(洞神)·본향신(本鄕神)·군웅신(軍雄神)·바리공주신 등도 있다. 이들을 모시는 곳을 당(堂)이라 하여 당신이라고도 부르며, 부락마다 동제·당산제를 지내 협동심과 공동체 의식을 다지며 숭상했다. 이 마을의 수호신은 풍요를 불러오고 잡귀를 쫓고 재앙을 물리치는 힘의 권능으로 존중되지만, 마을에 상주하지 않고 정해진 날 마을로 와서 제를 받고 다시 원래 숲으로 되돌아간다고 믿었다.

공동체 신앙행위를 하는 마을 수호신과 서로 상보적 관계에 있는 집안 수호신도 집안 운세가 공동체 전체의 운세에 따라 좌우되는 연관성을 지니고 있었다. 삼신과 같은 집안신은 안방의 신으로서 집안에 모셔져 집안을 지키며 자손의 번영을 도맡아 잡귀와 재앙을 막아내는 액막이 역할의 권능이 있었다. 특히 집안신은 주부들과 가장 가깝게 지내면서 가신(家神)으로 각 기능에 따라 거기에 걸 맞는 대우를 받았다.

그 가운데 성주(成主)는 집안의 여러 신을 통솔하면서 가내의 평안과 부귀를 관장하는 신으로서 가신 중 최고의 신으로 숭앙되었다.

조왕(竈王)은 불 아궁이를 맡고 있는 신으로서 불을 때고 음식을 만드는 가정생활의 가장 기본적인 일을 맡는 재산 신으로 받들어 섬겼고, 수문신(守門神)은 대문을 지키는 신으로서 선한 복만 들어오게 하고 악한 재앙은 못 들어오게 하였다.

이와 같이 마을 수호신과 집안의 신은 보호자로서의 권능을 지니고 있다. 그러므로 특히 집안신들 가운데 어느 하나가 나가는 것은 집안 운세가 나가는 것을 의미하므로 정화수를 떠놓고 소원을 빌며 섬겼다. 한편 관련된 금기를 어기고 부정을 저지르면 저주와 재앙을 주는 공포의 대상이므로 그들을 항상 희고 착한 신의 형태로 머물게 하기 위하여 인간은 선한 행동을 하며 그들을 섬겨야만 했다. 예로부터 일상생활에서 신앙의 대상으로 여겨온 신들은 인격적·비인격적인 것이 혼합된 잡다한 다양한 신들이었는데 우리 선조들은 경건한 마음으로 그 신들을 섬기면서 어려움 극복의 방편으로 삼았다.

(4) 일본 전래의 인격신

일본에서 천인신(天人神)을 지향하는 대표적 인물로 아즈치 모모야마(安土桃山)시대의 오다 노부나가(織田信長, 1534-1582)를 들 수 있다. 당시 일본 대부분의 쿠니(國)를 평정한 노부나가는 자신이 죽어야 하는 인간이 아니라 신으로서 불멸한 존재가 되어 존경받기를 희망했다(루이스 프로이스『예수회 일본연보』). 그러기 위해 아즈치성(安土城) 산위에 소켄지(總見寺)라는 사원을 건립하고, 자신을 신체(神体) 혹은 살아있는 신불로 모시고 숭배 하도록 했다. 그를 믿는 사람은 그 공덕으로 부와 장수를 얻고, 후계자가 없는 사람은 자손을 보며 평화롭고 안락한 생활이 보장되지만, 믿지 않는 사람은 현세는 물론 내세에도 멸망한다며 자신을 살아있는 신으로 여기게 했다.

또 노부나가의 뒤를 이어 권력을 손에 넣은 토요토미 히데요시(風臣秀吉, 1537-1598) 역시 자신의 신격화에 대해 생전부터 의사를 표명하였고, 1598년 그가 죽자 곧 신격화 작업이 시작되었다. 장례를 치른 다음 달에 이미 히데요시를 모시기 위한 사당 건축이 개시되어 신체(神体)를 가전(仮殿)에서 신전(新殿)으로 옮기는 쇼센구(正遷宮) 의식이 행해져 호코쿠다이묘진(豊國大明神)이 되었다.

히데요시가 죽은 후 내란을 극복하고 천하를 손에 넣은 도쿠가와 이에야스(德川家康, 1543-1616)도 죽기 전에 자신의 유해를 슨푸(駿

府)[7] 교외에 있는 구노잔(久能山)에 묻고 1주기를 넘기면 닛코(日光)에「작은 사당」을 지어 신령을 권청(勸請)하도록 유언했다.

아울러 자신이 카마쿠라(鎌倉)를 중심으로 한 하코네(箱根) 동쪽에 있는 여덟 나라의 수호신인 팔주의 진수(八州の鎭守)가 될 것이라고 했다(『본광국사일기(本光國師日記)』). 그를 신으로 모시기 위한 작업 역시 즉각 시작되어「도쇼다이곤겐(東照大權現)」이라는 신호를 부여받고, 닛코 도쇼구(日光東照宮)에서 신으로 받들어졌다.

지금은 신에 대한 인식과 관념이 많이 변했다. 먼저 신의 존재를 부정하는 ① 무신론·실존주의·논리실증주의를 비롯하여, ② 위정자나 정치적 지배자의 의도에 의해 신이 만들어졌다는 정치적 발명설이 있다. 또 ③ 우주가 처음 생성되었을 때에 작은 점들이 폭발하면서 우주가 만들어졌다는 빅뱅이론이 있다.[8] 그 외에 ④ 태풍이나 해일 화산폭발, 지진 등의 자연현상의 공포가 신을 창조하였다고 하는 공포기원설(恐怖起源說)이 있다.

이와 같이 다양한 견해의 신에 대해, 보다 설득력 있는 만족할만한 해답을 찾기란 쉽지 않다. 여기에 과학의 눈부신 발전과 그 성과도 신의 존재를 희미하게 해가고 있다고 할 수 있다. 현재는 인간이 우주를 왕복하는 것은 물론 심지어 우주여행이 여행상품으로 거론

7) 현재의 일본 중부지방인 시즈오카현(靜岡)이다.

8) 우주의 모든 에너지와 질량이 모여 있는 한 점이 대폭발을 하면서 시간과 공간이 시작되었고, 이후 우주는 팽창을 계속하고 있다는 우주론이다.

되고 있는 시점에서 신의 존재에 대한 인간의 인식이 크게 바뀌고 있다. 그 밖에 매스컴에서 자주 보도되는 특정 종교의 종교지도자의 빈번한 성범죄과 횡령를 비롯하여 감금이나 폭력 등의 부정적 측면이 많은 사람들로부터 예전만큼 신의 존재를 의식하지 않게 하려는 측면도 있다.

(5) 무신과 유신의 경계에서

이미 오래 전에 중국 한나라의 왕충(王充, BC 206–AD 220)[9]은 그의 저서『논형(論衡)』[10]에서 신의 존재를 부정한 무신론을 주장했다. 전근대에 서양의 괴테도 신은 죽었다고 외쳤지만 아직도 많은 사람들은 신을 믿고 의지한다. 이는 유한한 삶을 사는 우리 인간의 불안과 두려움을 해소하고 보다 평안한 삶을 오래 살고자 하는 근원적인 욕구 때문일 것이다. 따라서 신의 관념이 많이 변한 현재에도 초인간적·초자연적인 신에 대해 경외하고 신앙하는 일은 여전하다고 하겠다. 그러나 이 일이 당대의 사회나 국가에 의해 인정받느냐 받

---

9) 가난한 가정에서 태어나 고아가 된 그는 어려서부터 책방에서 많은 책을 읽었다. 잠시 하급관리직을 염임한 적도 있으나, 생애의 대부분을 고향에서 후진양성을 위해 보냈다. 미신이 보편적이던 시기에 합리주의적 자연주의자로 유교교의에 스며들기 시작한, 하늘의 징조에 대한 믿음을 공격했다. 후대 사상가들에게 비판정신을 보이며 중국의 새로운 도가사상의 출현을 도왔다.

10) 허위지식 일체를 검토하고 비판하며 공정한 진리를 끌어낸다는 목적의 논형(論衡)에서는 당시의 주요한 철학 문제인 자연관·지식론·인성론·운명론·정치사상 등이 포함된 독창성이 풍부한 이론이 전개되어 있다. 그 중 자연관에서는 대상이나 현상의 모든 범위에서 일어나는 사건 일체를 목적과 관련지어 설명하는 방식인 하늘의 의지를 부정하여 천인감응의 신권설을 타격하며 오행재이사상(五行災異思想)을 의심하였다. 그래서 물질과 관련된 자연의 고유한 운동을 승인하고, 정치와 관련된 과도한 간섭을 배격한 도가의 무위자연(無爲自然)상태를 존중하였다. 또 사후 영혼의 존재를 부정하여, 사람들의 정신 활동도 육체의 생명과 함께 생멸한다는 이론을 설명하여 환담(桓譚)이래 철저하게 무신론을 취하였다. 이주행 역(1996),『論衡』, 소나무 ; 성기옥 역(2016),『논형』,「있는 그대로를 논한다」, 동아일보사 참조.

지 못하느냐에 따라 종교와 미신으로 양분되어 그 사회가 인정하면 종교가 되고, 인정하지 않으면 미신으로 내몰리는 경우도 있다. 물론 그 시대 다수의 사람들이 믿는다면 종교로서 인정받을 가능성이 많지만 꼭 그런 것만은 아니다. 가까운 근대초기에 한국의 천주교 탄압과 동학교도에 대한 탄압처럼 막강한 힘을 가진 정치권력이 종교에 관여한 예는 동서고금에 한 둘이 아니다.

한편 자본주의가 극심한 현대사회는 일부 종교인들에 의해, 신의 존재를 빙자하거나 악용한 사기와 협박 등의 각종 범죄도 적지 않다. 신을 믿는 것이 좋을지, 믿지 않는 것이 좋을지는 개개인이 판단하고 선택할 문제일 것이다. 그러나 가장 우선해야 할 것은, 신의 신(信)·무신(無信)의 종교적 관념보다는 특정 종교에 관계없이 신의 존재를 의식하며 타인을 배려하고 성실한 삶을 살아가며 자신이 속해있는 집단과 인류사회에 도움이 되는 경건하고 절제된 스스로의 종교적 생활이 중요하다고 생각한다. 필자 개인적으로는 앞에서 예를 든 공자의 견해를 따르고자 한다. 내 주변 사람을 공경하고, 그 마음으로 신을 섬기며, 먼저 사람이 지켜야 할 도리에 힘쓰고, 신은 공경하되 너무 가까이 하지 않는 것이다. 만약 신이 없다고 단정하면 인간은 너무 오만해질 것이며, 그렇다고 신을 너무 믿으면 나태해 질 것이다. 우리는 이 가운데에서 어느 쪽으로도 기울지 않도록 저울추를 잘 맞추어야 할 것이다.

5.「운(運)」

운은 어떻게 믿고 따르는 것인가

(1) '운(運)'이란 무엇인가(사주, 징조, 꿈, 운명, 숙명, 윤회, 업, 카르마)

'움직인다. 돌아온다.' 라는 의미를 지닌 '운(運)'은 '수(數)'와 결합하여 많이 쓰인다. 즉 운수(運數)는 '운명(運命 fate, destiny)'이라는 확대된 개념으로 사전적 의미는 인간의 모든 것이 초인적인 힘의 지배에 의해 이미 정해져 있어 인간의 힘으로는 어찌할 수 없는 자연의 기운이라는 뜻이다. 나아가 사람에게 있어 운이나 운세(運勢)는 그 사람이 태어나는 연월일시의 오행(五行: 水·火·木·金·土)에 의해 각각 다르다고 한다.

먼저 서양의 경우를 살펴보면, 라틴어에는 운·운수와 비슷한 의미를 지닌 화툼(fatum, 프랑스어로는 디스뜨·destin dɛstɛ̃, 독일어로는 쉭자일·Schicksal ʃɪkza:l)이라는 단어가 있는데, 이 화툼은 로마신화에 나오는 운명의 신으로부터 야기된 것이다. 이는 인간의 의지를 초월한 곳에서 인간의 행위나 존재를 지배하는 힘으로, 그 힘을 증명하기 위한 예언이나 말의 마력(魔力)을 뜻한다.

그리스어 모이라(moira)는 '할당된 지분, 나누어 가지다', '할당 된다'의 의미이다.『호메로스(Homeros)』에서는 전 우주의 배분 시, 각 나라가 추첨에 의해서 천공(天空)은 제우스, 해원(海源)은 포세이돈, 지하는 하데스에게 각각 할당되었는데, 할당된 신에게 지분이라는 특유의 모이라(moira)가 있다고 한다. 이 모이라에는 윤리적 의무가 붙어 다니는

데 이는 정해진 운명을 의미하며 이 운명을 BC 4세기 이후 그리스에서는 개인의 전 생애가 필연의 사슬에서 벗어날 수 없도록 묶여졌다는 것을 의미하는 헤이마르메네(hēheimarmenē)로 표현했다.

(2) 동양에서의 운의 의미

다음으로 동양에서도 이 운명은 인간 존재의 근본을 이루는 것으로 체념이 하나의 미덕으로 여겨졌다. 따라서 어떤 일이나 고민이 생겨도 인간 의지의 힘을 부정하고 체념하는 정적주의(靜寂主義)에 빠지기도 한다. 그러나 그 운명의 힘 속에서 신의 섭리와도 같은 의지를 믿으며 세상을 비관하지 않고, 그곳으로부터 탈출의 수단을 강구하는 적극적인 태도가 내포되어 있기도 하다. 형이상학적으로 말하면, 인간이나 외계의 물적 환경이 모두 광대무변하고 무시무종의 시공을 점유하는 자연으로 정체된 것이 아니라 움직이며 변화한다는 것이다. 원래 중국의 자연철학에 따르면 천지만물의 생성 근원이 되는 태일(太一)에서 생겨난 기(氣)는 음과 양으로 발전하며 이원화하는데, 음양 이원(二元)이 합성하여 만물을 형성하고 또 변화를 이룬다. 변화는 궁극에 가서 소멸에 이르게 되나 다시 태일로 환원하며, 다시 우주의 근원적인 활력의 작용에 의해서 생성·변화·발전이 시작되는 일종의 순환론 적이다. 이와 같은 자연철학적인 설명에 따르면 운은 전체 우주와 대자연의 생성·변화나 소멸의 과정이 쉴 사이 없이 주기적으로 반복된다는 것이다.[11]

인간은 이 변화무상한 우주에 관심을 가지게 되면서 생멸성쇠(生滅盛衰)의 이치를 깨닫고 이에 따라 나타나는 계절 변화의 자연 이치를 그림이나 형상으로 부호화하였다. 그 후 문자사용으로 체계적인 음양오행(陰陽五行) 이론을 정립했고, 이 이론을 기반으로 사람의 태어난 연월일시의 구조에 따라 운의 흐름을 분석하여 길흉(吉凶)·화복(禍福)·부귀(富貴)·빈천(貧賤)·요수(夭壽) 등 운명을 판단하게 되었다. 그러나 이 인간의 운명은 부모의 정기·두뇌·성품 등 선천적인 것과 출생지의 산천정기·기후와 주위환경 및 가정교육 등 후천적 인문(人文)에 의해서도 영향을 받기 때문에 개인 가치관이나 삶의 여정도 다양하다.

「장한가(長恨歌)」로 유명한 당나라 시인 백거이(白居易, 772-846)의 시(詩)「설중승(薛中丞)」에 보면 "사람의 명이 길고 짧은 것은 운수에 달렸다."고 하였다. 즉 인간 개개인의 운명 자체가 인간의 능력으로는 알기 어렵다는 것이다. 이 시(時)·운(運)·명(命)은 누구에게나 동일하게 적용되는 객관적인 개념이지만, 필요한 운이 온다고 해

11) 前漢의 회남왕 劉安(BC179-BC122)이 도가사상을 중핵으로 편찬한『淮南子』「天文訓」注釋에서는 運을 旋이라고 하였고, 명 말기의 張自烈의 저서『正字通』은 運五行氣化流轉之名이라는 풀이에는 우주만물의 생성·변화·소멸, 재생이라는 자연철학의 원리가 담겨 있다. 특히 운수가 운기 내지 기수와 같은 뜻으로『正字通』의 五行氣化流轉之名에서의 기와 결부지울 때 생명의 본원이며 우주의 근본적인 활력인 기와 불가분의 관계에 있다.

도 자신의 여건상 맞이할 준비가 안 되면 아무런 영화도 기대할 수 없다. 그러나 어리석은 인간은 각자의 명운은 정해져 있다는 생각으로 인하여 본능적으로 추길피흉(趨吉避凶)하려는 마음을 갖고 불확실한 자신의 미래를 알고자 한다.

무릇 운이란 인간이 잠시 머물다 떠나는 집일뿐이고, 만유(萬有)와 같이 끊임없이 생멸성쇠(生滅盛衰)하는 인간이 생로병사 하는 것은 하늘의 도이며 자연의 법칙이다. 거기에는 어떠한 자연현상의 법칙과 양태가 있고 기의 작용이 순환하며 존재하는데 그러한 자연의 변화를 모를 때 인간은 우울해 하고 불안해한다. 그러나 거대한 우주의 힘은 공평하여 인간의 아첨과 기도에 특별한 혜택을 베푸는 것이 아니다. 오히려 자연의 이치를 알고 겸손히 최선을 다할 때 새로운 지혜가 생겨나며, 자연의 재해를 피할 수 있게 될 것이다. 그래서 오래전부터 동양에서는 인간의 운명에는 전세(前世) 혹은 현세(現世)에서 자신의 마음가짐과 올바른 행위(관용과 인내, 선의와 배려)의 중요성이 강조되었다. 또 선인선과(善因善果), 악인악과(惡因惡果)에 의해 운명이 정해지는 것이라거나 선행을 하여야 좋은 운이나 복이 따른다는 업(業 Karma)의 법칙에 가까운 권선사상이 강조되었다.

(3) 인과응보의 상징으로서 운

이른바 사필귀정(事必歸正)이라는 자업자득(自業自得)의 인과응보관(因果應報觀)은 동양의학사상에도 나타난다. 양생 · 병리진단 · 치료 등 여러 방면의 의학원리의 내용을 두루 포함한 종합의학이론서적인 『황제내경소문(黃帝內經素問)』을 통해 구체적으로 살펴보면, "인간은 천지의 기운으로 태어나서 사시(四時)의 법(法)으로 이루게 된다.(人以天地之氣生, 四時支法成. 「寶命全形論」"고 하였다. 여기에서 천지의 기운은 선천(先天)이고 생명이며, 사계절의 변화는 후천(後天)이며 운명을 뜻한다.

이에 중국 후한의 사상가 왕충(王充, 27-100)은 "인명은 하늘에 달려있고, 길흉(吉凶)은 시간에 달려있다.(人命縣於天, 吉凶存於時. 『論衡』「辨祟」"라고 하여 인간은 하늘의 뜻으로 태어나 살아가며 그 환경에 의해 운이 좋을 수도 있고, 나쁠 수도 있다고 하였다. 즉 '명(命)'은 선천적으로 타고난 불변하는 것이고, 운(運)은 후천적으로 영향을 미치는 기후적인 여건이다. 운의 흐름에 따라 좋은 운을 만나면 자신의 역량만큼의 복운(福運)이 따르고, 나쁜 운을 만나면 고행(苦行)과 흉화(凶禍)가 따른다. 그러나 사람의 행위가 좋지 않고 노력도 하지 않으면 좋은 운이 찾아온다 할지라도 취할 수 없다는 것이다. 즉, 아무리 선천적으로 좋은 운이 주어졌다고 해도 자신의 열정적인 노력과 선행이라는 후천적인 도리를 다하지 않으면 그 운은 그 사람을 비켜간다는 것이다. 그러므로 '진인사대천명(盡人事待天命)'의 자세로 올바르고 정의로운 마음가짐으로 자신이 할 수 있는 도리와 최선을 다한 연후[12]에 겸허하게 하늘의 뜻을 따르는 마음을 가져야 한다.

중국 송나라 사람 여몽정(呂蒙正, 946-1011)은 홀어머니를 모시고 무척 빈궁한 시절을 보냈다. 그러나 그는 열심히 학문하여 과거에 급제하고, 세 번이나 재상의 지위에 올랐던 입지전적인 인물이며, 강직하면서도 덕 있는 이름난 재상이었다고 한다. 그가 불우했던 자신의 환경을 돌아보며 『파요부(破窯賦)』라는 시(時)·운(運)·명(命)의 중요성을 논한 유명한 부(賦)를 지었는데, 그 내용은 대략 다음과 같다.

天有不測風雲	하늘에는 예측할 수 없는 풍운이 있고
人有旦夕禍福	사람에게는 아침저녁으로 화복이 있도다.
蜈蚣百足行不及蛇	지네는 다리가 100개지만 가는 것이 뱀보다 느리고
家鷄翼大飛不及鳥	닭은 날개가 크나 나는 것이 새만 못하네.
……	
人有凌雲之志	사람에게 구름을 뛰어넘는 높은 뜻이 있다하여도
非運不能騰達	운이 따르지 않으면 영달할 수 없다네.
……	

12) 불교적으로 말하면 악을 거부하는 노력이나 선을 계속 유지하려는 노력 등 일반적 의미의 노력과는 다른 노력인 정진(精進)을 한 연후 때를 기다려야 한다.

天不得時日月無光	하늘도 때가 되지 않으면 해와 달의 빛이 없고
地不得時草木不長	땅도 때가 되지 않으면 초목이 자라지 않네.
水不得時風浪不平	바다도 때가 되지 않으면 풍랑이 가라앉지 않고
人不得時利運不通	사람도 때를 얻지 못하면 이로운 운이 통하지 않는다네.

……

余曰, 非賤也	내 말하건대, 나는 천하지 않았다
乃時也運也命也	시와 운과 명이 그러했을 뿐.

……

余曰, 非貴也	내 말하노니, 나는 귀하지 않다
乃時也運也命也	시와 운과 명이 그렇게 만들었을 뿐.
蓋人生在世	무릇 사람이 세상을 사는 동안에
富貴不可捧	부귀만을 바라서도 안 되고
貧賤不可欺	빈천함을 업신여겨서도 안 되네.
此乃天地循環	이는 곧 천지의 기운은 순환하여
終而不始者也	끝났는가 하면 다시 시작되기 때문이라네.

위의 여몽정의 말을 종합해보면 천지의 기운이 순환하며 끝났는가 하면 다시 시작하듯이 부귀 역시 그에 따라 순환하기 때문에 온 인생을 다 살기도 전에 간단히 천하다 귀하다고 단정할 수 없다. 즉 타고난 재질이 아무리 좋아도 그 자질이 발달될 만한 시운을 만나는 후천적인 노력 또한 중요하므로 주어진 운명의 순간과 여건을 슬기

롭게 수용하며 자신의 목표를 향해 꾸준하게 매진하라는 의미이기도 하다.

밝음을 상징하는 해와 달도 때가 되지 않으면 빛을 발하지 못하는 것처럼 인간도 때를 얻지 못하면 좋은 운이 찾아와도 그 좋은 운을 맞이할 수 없다는 것이다. 그래서 인간의 부귀는 '시(時)'와 '운(運)'과 '명(命)'에 의해 좌우된다는 말이다. 이 말을 『명심보감』의 구절로 말하자면, "구름을 뚫고 하늘로 오르려는 뜻이 있어도 재주와 시운이 없으면 상서로운 구름을 헤치고 푸른 하늘에 도달 없는 것과 같다(如登天而無術, 如披祥雲而覩靑天)"는 의미가 된다. 사실 이와 관련된 이야기는 『명심보감』에 많으므로 다음의 몇 구절을 인용해보기로 한다.

* 하늘에는 예측할 수 없는 풍운이 있고, 사람에게는 아침저녁으로 화복이 있다.
(天有不測風雲. 人有朝夕禍福.「省心篇」21條)

* 자하가 말하기를, 죽고 사는 것은 명에 있고, 부귀는 하늘에 있다.
(子夏曰, 死生有命, 富貴在天.「順命篇」1條)

* 장수와 요절은 명이 아님이 없고, 곤궁과 영달은 각각 때가 있다.
(壽夭莫非命, 窮通各有時.「安分篇」7條)

* 모든 일에 분수가 이미 정해졌거늘 세상 사람들이 쓸데없이 바빠 한다.

(萬事分已定, 浮生空自忙.「順命篇」4條)

* 모든 일은 사람의 논쟁으로 말미암는 것이 아니고, 일생은 모두 명의 안배에 있다.

(萬事不由人計較, 一生都是命安排.「順命篇」5條)

* 禍는 요행으로 면할 수 없고, 福은 재차 구할 수 없다. 급히 가나 더디 가나 앞길에는 오직 많은 길이 있을 뿐이다. 때가 옴에 바람이 등왕각으로 불어 보내고, 운수가 물러감에 천복비에 벼락을 친다.

(禍不可以倖免, 福不可以再求. 緊行慢行, 前程只有許多路. 時來風送滕王閣, 運去雷轟薦福碑.「順命篇」14條.)

자연에 예측할 수 없는 풍운이 있는 것처럼 인간 만사에도 조석으로 예견할 수 없는 화복(禍福)이 있어 만사, 모든 것이 '운(運)'에 따라 각각 그 기운을 받는데도 정해진 때가 있으니 최선의 노력을 하며 때를 기다리라는 것이다.

(4) 우리나라 정치에 활용된 운

인간의 교만을 방지하고자 한 이러한 동양의 사상은 역으로 정치에 활용되기도 하고 이용되기도 하였다. 우리나라의 경우 고려 태조 왕건(王建, 877-943)[13]의 연기설(緣起說), 즉 자신의 탄생과 즉위가 '정해진 운수였다'라는 설화를 퍼뜨린 것과 중앙정치 권위의 약화를 우려하여 이른바 「훈요십조(訓要十條)」에서 「지금 세워진 절들은 도선 국사가 풍수지리에 맞춰 정해 놓은 것이므로, 후대에 함부로 더 세우거나 줄이지 말라」고 한 것을 들 수 있다.

신라 말기의 승려이자 풍수지리설의 대가였던 도선(道詵, 827-898)의 풍수설(風水說)은 지기(地氣)는 왕성하기도 하고 쇠퇴하기도 하는데, 쇠퇴하는 곳에 자리 잡은 인간이나 국가는 쇠망하게 마련이라는 설이다. 그 때문에 고려조에서는 풍수도참(風水圖讖)사상이 국가시책의 근간을 지배하였다. 고려 중엽에 수도 개경(개성)을 서경(평양)으로 천도하자고 한 묘청(妙淸, ?-1135)의 주장도 풍수와 도참사상에 근거한 것이다.

---

13) 왕건은 공손하고 겸소하여 착하고 어진 사람을 좋아하고, 자기 생각을 미루고 남의 생각을 존중하며 예의를 지켰다고 한다. 그래서 능력 있는 사람을 버리지 않았고, 아랫사람이 가진 힘을 모두 쏟을 수 있게 도왔으며, 어진 사람을 취할 때와 간사한 사람을 쫓을 때에 주저함이 없었다고 한다. 왕건이 세상을 떠난 약 40년 뒤에 최승로(崔承老, 927-989)가 성종에게 '시무 28조'를 올리며 그 서두에 "태조 왕건, 그는 모두가 자신만을 내세우는 세상에서 남을 돌아볼 줄 알았고, 끝없이 이어지는 싸움 속에서 평화와 타협의 비전을 보았다."고 하였다.

이 풍수 도참은 통일신라 말기를 거쳐 고려 일대를 풍미한 사상인데 불교 못지않게 고려왕조에 끼친 영향이 지대하였다.[14] 그러한 풍수도참사상은 도덕적 합리주의를 표방한 조선왕조 개국 당시의 성리학자들에게까지 영향을 미쳐 여말선초 왕조교체 격동기의 정치가 정도전(鄭道傳, 1337-1398)도 미래예언서인 「참위설(讖緯說)」을 크게 신봉하였다고 한다.

그러나 조선시대에 유행했던 『정감록(鄭鑑錄)』은 반 왕조적이며 현실 부정적인 내용을 담고 있어, 조선시대 이래 금서(禁書)에 속했다. 이 책은 시간의 영원회귀성인 생성·변화·소멸의 과정을 끊임없이 반복한다는 뜻을 담고 있다. 그러므로 과거의 사건이 현재나 미래에 재현될 수 있다는, 곧 돌아온다는 것이다. 이 돌아온다는 것이 반왕조적인 성격을 가미한 불온사상으로 지목되었고, 또 진인(眞人)의 출현을 예언한 것이 체제전복(體制顚覆)을 꿈꾼다는 것이다.

이러한 예언설이나 운명론은 사회 혼란이 심하고 인간의 삶이 팍팍할 때 더욱 횡행한다. 특히 연말연시가 되면 신문 잡지 등의 매스컴에서는 정계나 재계의 유명 인사의 운세나 국운을 논하는 사람들이 많이 등장한다. 하지만 21세기 과학시대의 사회에 이런 예언설에 현혹될 사람은 드물겠지만, 이런 예언설적인 정치를 하는 정치인도

14) 그 가운데서도 특히 지덕이 쇠퇴한 곳에서 왕성한 곳으로 도읍을 옮겨야만 왕실과 국가가 융성해진다는 이른바 「지덕쇠왕설(地德衰旺說)」은 고려 태조 이후부터 대부분의 고려왕들이 신봉했던 풍수론이었다.

있어서는 안 될 것이다. 앞에서도 언급한 것처럼 '운'을 강조한 중세의 사유는 인간의 오만을 방지하고, 한편 심한 자책이나 좌절로 인한 삶의 의욕 상실에 대한 방지 차원에서 나온 지혜일 것이다. 이러한 선현들의 마음을 잘 읽는다면 운에 대한 사유는 지금 이 시대를 사는 우리들에게도 여전히 유용한 지혜가 될 것으로 생각한다.

6.「사(死)」

오복(五福)의 하나인 죽음은 어떤 것인가

(1) 죽음(死)이란 무엇인가

죽음이란 인간이라면 누구나 반드시 맞이하는 피할 수 없는 운명이다. 생을 부여받는 순간, 공평하게 맞이하는 생의 종말인 이 죽음은 과연 어떤 것일까? 대개 죽음이라는 것은 한 생명체의 모든 기능이 정지되어 회복이 불가능한 상태로 일반적으로 심장 고동과 호흡 운동의 정지를 표준으로 삼고 있다.

그러나 가사상태인 경우도 있고, 한 때 멈추었다가 다시 살아나는 경우도 있기 때문에 죽음 판정은 어려움이 많다. 즉 죽음이란 인간의 경험 영역이나 지각 영역을 초월한 문제로 그 본체를 파악하는 것은 난제 중의 난제라고 할 수 있다.

프랑스 르네상스기를 대표하는 철학자이자 『수상록』으로 유명한 몽테뉴(Montaigne M, 1533-1592)는 "죽음을 예측하는 것은 자유를 예측하는 일이고, 죽음을 깨달은 자는 굴종을 잊고 온갖 예속과 구속에서 해방된다."고 하였다. 이 말처럼 인간은 피하거나 거부할 수 없는 죽음을 온 몸으로 받아들였을 때, 역으로 그 공포에서 해방된다. 세간에는 "죽음을 생각하면 잃을 것이 없다."라는 말도 있다.

일찍이 '인간은 죽음으로 향하는 존재'라고 규정한 그리스의 비극시인이자 철학자인 소포클레스(Sophokles, BC 496?-BC 406)는 산다는 것은 무덤을 향하여 한 발자국씩 다가가는 과정이라는 말을 하였다. 그리고 "가끔 죽음에 대해 생각을 돌려라. 그리고 얼마 지나지 않아 죽을 것이라 생각하라. 그대가 아무리 번민할 때라도 밤이면 죽을지도 모른다는 생각을 한다면, 어떠한 행동을 해야 할 것인가에 대한 그 번민은 곧 해결될 것"이라고 하였다.

그러면 불교·기독교·유교 사상에서는 죽음을 어떻게 파악하고 있을까.

(2) 불교와 기독교에서 죽음

불교의 『반야심경』에서는 죽음의 문제를 "나거나 멸하지 않으며 더러워지지도 깨끗해지지도 않아, 더함도 덜함도 없다.(不生不滅, 不垢不淨, 不增不減)"라고 하였다. 결국 「늙음과 죽음이 없고, 또 늙음과 죽음이 없어지지도 않게 되는데 이른다.(乃至無老死, 亦無老死盡)」는 말은 세상에 존재하는 모든 것은 실체가 없으므로 나거나 사그라지거나 더럽혀지거나 더해지거나 덜해지는 것이 없다는 것이다. 실체가 없으니 물질적 현상·감각·표상·의지·지식 등이 없고, 늙음과 죽음도 없다. 따라서 삶이 죽음이요 죽음이 곧 삶이라 애당초 삶과 죽음의 경계가 없다. 이것은 마치 허공에 본래 꽃이 없으므로 나타나거나 사라지는 것도 없다는 이치다.

이와 같이 죽음은 현상계를 떠나 절대계로 들어가 영원한 자유인이 되는 계기가 될 수 있지만, 마음가짐을 거울처럼 맑고 호수같이 고요하게 지닐 수 있어야 온갖 예속과 구속과 연관되는 삼세인과(三世因果)에 얽매이지 않고 영원한 자유를 누리는 출세자유인(出世自由人)이 된다는 것이다.

불교와 달리 기독교에서는 인간의 죄에 대한 벌이 바로 죽음이다. 「로마서」에 의하면 "이러므로 한사람으로 말미암아 죄가 세상에 들어오고 죄로 말미암아 사망이 왔나니 이와 같이 모든 사람이 죄를 지었으므로 사망이 모든 사람에게 이르렀느니라.(5장 12절)"고 한 것처럼 기독교에서 죽음은 인류의 조상으로 간주하는 아담과 하와가 파라다이스였던 에덴동산에서 하나님의 명을 어기고 범한 죄로 인하여 모든 인간은 태어나면서 죄를 지니게 되는데 그 원죄로 인한 벌이 바로 죽음이라는 것이다.

따라서 기독교에서는 인간의 모든 기능이 정지되어 원상대로 회복 불가능한 육신의 죽음과 생명의 원천인 영혼이 육체에서 떨어져 나가는 영혼의 죽음으로 나눈다. 육체에서 분리되어 떨어져 나간 영혼은 이 세상의 창조주이자 심판자인 하나님 앞의 시험대에 올라 일생의 행위를 심판받는다.

이것은 민간 신앙에서 사후에 황천(黃泉)[15] 혹은 염라국(閻羅國)[16]이라고 하는 저승에 가서 생전의 선악을 판단 한다는 저승의 벼슬아치 최판관(崔判官) 또는 인간의 죄의 경중을 가린다는 열 명의 심판관인 시왕(十王)[17]의 심판대에 올라 살았을 때의 선악을 심판받는 것과 같다. 지옥의 왕인 염라대왕(閻羅大王) 혹은 삼라만상(森羅萬象)을 다스린다는 옥황상제는 죽은 자의 생전의 잘잘못을 꼬치꼬치 캐묻고 이리저리 따져서 극락으로 갈 것인지 지옥으로 갈 것인지 판결을 내린다. 민간신앙 사상에서 사후 지옥으로 가지 않기 위해서는

15) 九泉·黃土·冥土·冥途·冥境·冥間·冥界

16) 陰府·幽界·幽都·幽冥·黃壚·地府

17) 秦廣王·初江王·宋帝王·五官王·閻羅王·變成王·泰山王·平等王·都市王·轉輪王

생전에 善한 일을 행하면 된다. 기독교에서도 생전의 선악행위를 판단하는 심판자인 하나님 앞으로 나가는 것은 누구나 피할 수도 면할 수도 없는 필연적인 사항이다. 그러나 거기서 벗어날 수 있는 것은 인류의 원죄를 대신해 죽은 예수 그리스도를 믿고 육신의 삶에 연연하지 말고 거룩한 예수 그리스도의 죽음에 동참해야 한다는 것이다. 그렇게 해야 부활을 통한 영생을 얻을 수 있다고 말한다.

(3) 유교에서의 죽음

일찍이 인간 중심의 인본주의를 주장한 사상가인 공자는 사후세계에 관심을 두지 않고 생전의 삶에 충실하고자 했다. 제자인 자로(子路)가 죽음에 대해 물었을 때, "아직 삶에 대해서도 모르는데 어찌 죽음에 관하여 알겠는가.(敢問死, 曰未知生 焉知死. 『論語』「先進」)"라는 대답은 죽음에 대한 공자의 사유를 잘 보여주는 말로 유명하다.

여기에는 현실의 충실한 삶을 알게 되면 죽음의 의미를 저절로 알게 된다는 뜻이 내포되어 있다. 공자는 죽음이나 내세에 대하여 직설적으로 말하지는 않았지만, 삶을 알면 죽음은 저절로 알게 되고 현세의 연장이 곧 내세라는 것을 여러 곳에서 암시하고 있다. 그러므로 공자는 도덕적·이성적·합리적·실용적인 것을 자주 언급하였으며, 괴이한 일·어지러운 일·귀신에 대해서는 별로 언급하지 않았다.

그 예로 제자인 번지(樊遲)가 슬기로움과 귀신 섬기는 일에 대하여 물었을 때, "사람이 지켜야 할 의로움에 힘쓰고 귀신을 공경하되 멀리하면 슬기롭다.(務民之義, 敬鬼神而遠之. 『論語』「雍也」)"고 했다. 그러나 공자가 인본주의를 주장했다고 해서 귀신의 존재를 전적으로 부정한 것은 아니다. 단지 귀신은 귀신의 영역에서 인간은 인간의 영역에서 각각의 위치를 지켜야 한다는 것이다.

성리학에서 말하는 귀신은 음양의 사그라짐과 자라남(消長, 氣의

屈伸)으로 귀(鬼)는 굴(屈)로서 돌아가는 것이자 음(陰)이므로 사람의 육체인 백(魄)은 죽으면 정신인 혼과 분리되어 땅으로 돌아가는 것이다. 신(神)은 신(伸)으로 뻗어나는 양(陽)이므로 사람의 혼(魂)이 죽으면 백(魄)과 분리되어 하늘로 올라가 점차 그 기가 흩어지고 사그라져 없어진다고 한다.

그래서 유교에서 귀신은 오직, 우주 자연의 이기론적(理氣論的) 바탕의 합리적 인식으로 자연에서 나서 자연으로 돌아가는 것으로 되어 있다. 즉 죽음은 모든 것을 귀결시키는 동시에 새로운 출발로 『중용』에서는 "성실한 것은 하늘의 도이고 성실해지려는 것은 사람의 도이다.(誠者, 天之道也. 誠之者, 人之道也.)"라고 하였다.

그러나 인간이란 하늘을 배우고 따르고 드디어 합일하는 존재로 천도에 기의 모임과 흩어짐인 취산(聚散)과 음양의 성쇠가 있어 네 계절, 즉 봄에 싹이 트고 여름에 자라고 가을에 열매를 맺으며 겨울에 땅속으로 사라진다는 것이다. 여름에 극성하던 양은 가을이 되면 차차 쇠하여 겨울에는 거의 없어져 음이 극성을 부리지만, 동지가 되면 양이 다시 살아나고(一陽始生) 봄이 되면 싹을 틔우기 위한 새로운 삶이 시작된다.

우주인 사람도 마찬가지로 죽음은 새로운 싹을 틔우기 위한 사그라짐으로 천도(天道)도 인도(人道)도 사그라짐과 자라남(消長)의 순환으로 둥근 보름달이 사그라져 들다가 그믐이 되면 거의 없어지고 다시 초승달로 되살아나 돌고 도는 것과 같은 원리이다.

(4) 고종명(考終命)의 의미

이러한 자연의 이치 중에 공자는 죽음보다 삶을 더 절실하게 생각하고 죽음에 이르기 전에 삶이 앞서 있는 현세의 질서인 윤리 도덕에 더 관심을 가졌다. 그리하여 인(仁)을 말하여 사랑을 가르쳤고, 효(孝)를 말하여 사람은 이 세상에 혼자 오는 것이 아니라, 무수한 조상을 뿌리로 하여 태어났으므로 죽음으로 삶이 끝나는 것이 아니라, 나를 출발점으로 해서 자손의 모습으로 영원히 이어져 나간다는 것이다.

공자의 제자인 증자(曾子)는 임종에 제자들을 불러 놓고 말했다. "내 발을 펴 보아라, 내 손을 펴 보아라, 『시경』에 이르기를 '전전긍긍 조심하기를 깊은 못 가에 서 있듯 얇은 얼음판을 밟고 가듯 한다.'고 하였으니 이제부터는 나도 걱정을 면하게 되었음을 알겠구나.(曾子有疾, 召門弟子曰, 啓予足啓予手. 詩云, 戰戰兢兢, 如臨深淵, 如履薄氷. 而今而後, 吾知免夫. 『論語』「泰伯」)"라 하였다.

몸과 머리카락 피부 모두 부모로부터 받은 것이니 감히 훼손하거나 상하게 하지 않는 것이 효의 시작이다(身體髮膚, 受之父母, 不敢毁傷, 孝之始也.)라는 말처럼 유교에서 몸은 부모에게서 받은 것으로 평생 온전히 간직하고 있어야 효도를 다한 것이 된다. 그러므로 죽음에 임해서 자기 신체의 각 부분을 점검시켜 몸의 상처 난 곳·흉터·잘못된 뼈마디가 없는지 면밀하게 살펴본 것이다. 곧 저승에 가면 부모를 뵙게 될 것이니 다시 되돌아보는 것으로 유교는 조상이 늘 자신과 함께 하는 것으로 간주한다.

그래서 증자는 임종에 즈음하여 "새가 죽어갈 때에는 그 울음소리가 애처롭고 사람이 죽으려 할 때는 그 말이 착하다.(曾子言曰, 鳥之將死其鳴也哀, 人之將死其言也善.『論語』「太白」)"고 하였다. 즉 새는 죽음을 두려워하기 때문에 울음이 슬프고, 사람은 생의 마지막인 죽음을 앞두면 순선(純善)한 본성으로 돌아가기 때문에 그 말도 선(善)하다는 것이다.

조선의 실학자 정약용은 금수도 죽음을 의식하지만 죽음에 대처하는 방식에서는 사람과 크게 다르다고 보았다. 금수는 죽으려 할 때 군색하고 급박한 울음만 토해내지만, 군자는 종시(終始)를 삼가서 마지막까지 흔들리지 않기 때문에 편안하고 아름다운 임종인 고종(考終)을 맞이한다고 했다. 자기완성을 위해 부단히 노력하는 사람은 임종 때에도 정도(正道)를 지키고 명백한 교훈을 남기는 것을 잊지 않는 것을 선언(善言)이라한다.

우리나라 유학 사상 가장 높은 위치를 점하며 죽는 날까지 구도(求道)의 자세를 흩트리지 않은 퇴계는 70평생을 순선(純善)하고 겸손하게 배움의 나날로 자신에게 엄격하고 타인에게 너그러웠던 인물로 잘 알려져 있다. 그의 고종기(考終記)에 의하면, 아침 햇살이 눈부시게 창문으로 쏟아져 들어 왔을 때 병석에 누우신 선생은 천천히 고개를 돌려 이 찬란한 광명을 맞이하였다. 다음 순간 선생은 옆에 모시고 있는 사람에게 금방이라도 향기를 터뜨릴 듯이 꽃망울이 부풀어 있던 매화를 향해 '저 매화에 물을 주어라.'라고 하였다.

바깥 날씨는 쌀쌀하였지만 하늘은 맑게 개었고 바람도 일지 않았다. 그러나 저녁 5시쯤 갑자기 흰 구름이 지붕 위로 모이더니 눈이 펄펄 내리기 시작하였다. 순식간에 한 치 가량 쌓였다. 지붕도 마당도 산도 순백의 세계로 변하였다. 자리에 누워 계시던 선생께서 창문을 잠시 바라보시더니 조용한 어조로 '자리를 정돈하여라.' 하시어 가까이 가서 일으켜 드리니 꼿꼿이 앉아 자세를 가다듬더니 이내 숨을 거두었다. 그러자 하늘에 서렸던 구름이 흩어지고 흩날리던 눈도 개었다.(庚午年, 1570, 섣달 초8일)」

이렇듯 평생 유가의 도(道)를 실행하고자 노력했던 퇴계는 죽음에 임해서도 그 실천을 이어갔다.

(5)『명심보감』이 전하는 죽음

마지막으로『명심보감』에 전하는 죽음에 관한 명언으로 이 글을 정리해보려고 한다.『명심보감』에 말하길, "죽고 사는 것은 명에 있다(死生有命.「順命篇」1條)"고 하였다. 이는 목숨은 천명에 달려 있으니 죽고 사는 것에 너무 연연하지 말고 성실하고 정의롭게 살라는 뜻이다.

또 "대장부는 선(善)한 것을 보는 것이 밝아 명분과 절개를 태산보다 중히 여기며 마음 씀씀이가 깨끗하여 정의에 투철해서 죽고 사는 것을 기러기의 깃털처럼 가볍게 여긴다.(『景行錄』云, 大丈夫見善明故, 重名節於泰山, 用心精故, 經死生於鴻毛.「省心篇」172條)"고 하였다.

즉 정도(正道)에 어긋나지 않는 삶이 궁극적으로 올바르고 진정 명예로운 삶으로 인간과 자연의 유한함을 깨달아 허욕을 부리지 말고 자연의 순환처럼 순리에 따라 가치 판단 기준을 의(義)에 두며 참된 삶을 살라는 의미이다.

이렇듯 여러 사상과 다양한 종교의 죽음에 대한 정의와 시각은 각각 다르고 죽음에 대한 인식 또한 현저한 차이를 보인다. 그러나 그 다양한 사상과 종교의 죽음에 대한 정의와 개념 속에 내포된 메시지는 한 가지로 귀결된다고 본다.

그것은 『명심보감』에서도 언급하고 있듯이 죽고 사는 것에 너무 연연하지 말고, 현세에서 선하고 정의롭게 살라는 것이다. 그런데 지금 우리들은 얼마나 부도덕하게 살고 있는가. 마치 경쟁이라도 하듯이 거듭되는 불정의(不正義)로운 뉴스를 접할 대마다 우리사회는 이미 선(善)을 버린 지 오래인 것 같은 착각을 하게 된다.

그리고 그 부도덕함의 선두에는 올바르게 사회를 이끌어가야 할 이른바 정치인과 관료 · 지식인과 결탁된 마수들이 있다. 만약 사후세계에 대해 조금이라도 두려움을 갖게 된다면 이렇게 하지는 않을 것이다. 그렇다면 우리들은 왜 사후세계에 대해 두려워하지 않는가. 과학이 너무 발달한 때문일까? 이미 고령사회로 들어선 우리 사회 곳곳에서 '웰-다잉(well-dying)'이라는 말을 한다. 그러나 진정한 '웰-다잉'은 스스로에게 비추어 떳떳한 삶을 사는 것이 아닐까. 지금부터라도 우리는 개개인의 잃어버린 선(善)을 회복하기 위해 노력해야 할 것이다.

7.「학(學)」

우리는 왜 배워야 하는가

(1) '학(學)'이란 무엇인가

'배운다'라고 하는 '학(學)'이라는 것은 어떤 의미일까. 이 질문에 많은 사람들은 새삼스럽다고 생각할지 모르지만, 왜 배우는지, 왜 배워야하는지, 무엇을 어떻게 배워야하는지 한 번쯤 다시 생각해 볼 필요가 있다.

먼저 학(學)이라는 글자를 풀이해보면, 윗부분에 있는 '절구 구(臼)'는 양 손의 모양을 본뜬 것이며, 그 손 안에 들어있는 것은 '괘효(爻)'로 본받을 만한 보물을 묘사한 것이다. 그러므로 학(學)이라는 글자는 부모가 두 손으로 보물을 감싸 안고 자식[子]의 머리 위에 올려주는 형상이라고 한다. 즉, 부모가 이 세상에서 가장 귀한 보물을 자식 머리에 올려주는데 그것이 곧 '배움[學]'이다.

그렇다면 자식에게 주는 부모의 보물에는 어떤 마음이 담겨져 있을까. 그것은 아마도 자식이 이 세상을 무사히 잘 살아가기를 바라는 마음일 것이다. 그러므로 부모는 사랑하는 자식에게 세상을 살아가는데 필요한 무엇보다도 귀중한 지혜와 지식을 주고 싶어 하는 것이다.

동양 고전인 『논어』에 제일 처음 나오는 글자가 '학(學)'이다. "배우고 때때로 그 배운 것을 익히면 얼마나 즐거운가(學而時習之, 不亦說乎. 「學而篇」)"라는 공자의 말은 배움에 대한 원천적 해석이다. 이는 어린아이를 보면 잘 알 수 있다. 아이들은 한 가지 말을 배우면 끝없이 반복하며 즐긴다.

이를 공자의 말로 다시 정리하면 '습(習)'이다. '습(習)'이란 글자는 알에서 깨어난 새가 끊임없이 날개 짓을 하며 날기를 배우는 반복 익힘이다(여조삭비). 송대(宋代)의 학자 주자(朱子)는 학(學)을 '효(效)'로 설명했다. 사람의 성품은 모두 선(善)하지만 다만 깨달음에 있어 선후가 있으므로 뒤에 깨닫는 사람은 반드시 먼저 깨달은 사람의 행위를 본받아 본성의 선(善)을 잘 밝혀서 그 처음의 상태를 회복해야 한다는 것이다.(學之爲言效也. 人性皆善而覺有先後, 後覺者必效先覺之所爲, 乃可以明善而復其初也.)

주자가 말하는 먼저 깨달은 사람의 대표적 인물은 아마도 요순우탕문무주공(堯舜禹湯文武周公)이겠지만 넓게는 그들의 가르침을 이해하고 몸소 실천한 공자나 역사적으로 존경받는 위인들일 것이다. 그 선학들의 진정한 언행(言行)을 배울 수 있는 학(學)을 지속하기 위해 서경덕(徐敬德, 1489~1546)이 '산거(山居)'에서 "독서는 깨끗하고 조용한 곳이 제격이고 거기에 산의 푸름이 있고 시냇물이 흐르면 금상첨화(錦上添花)다."라고 말한 것처럼 탐욕과 과욕(學者要寡慾)의 잡념을 삼가하고, 조용하고 안정된 맑은 마음가짐의 꾸준한 노력으로 진리에 집중할 수 있는 참신한 정신자세가 필요하다.

또 다른 학자는 학(學)을 '각(覺)'이라고 풀이했다. 알지 못했던 것을 깨닫는 것이 배움이란 뜻으로 학을 통해 다양한 가치와 원리를 알고, 삶의 방편을 얻으며, 궁극적으로는 어떻게 살아야 할지에 대한 삶의 목적을 깨닫게 된다는 뜻이다. 물론 그 외에 또 다른 해석이 있을 수 있다.

동양 고전에서 학(學)의 목적은 대부분 수신(修身)에 있다. 육예(六藝)라고 하는예절·음악·활쏘기·말타기·글쓰기·셈하기(禮樂射御書數)도 기예(技藝)보다는 수신을 우선으로 한다. 또한 사람다움에 뜻을 두는 학(學)이란 안에서 찾아야 한다(學也者, 使人求於內也.)는 말처럼 학이란 크게 형이하학(形而下學)과 형이상학(形而上學)으로 나눌 수 있다.

그 중에서 형이하학의 대표적인 책이 『소학(小學)』이라면, 형이상학의 대표적인 책은 『대학』이다. 『소학』에는 아침에 눈뜨면서부터 해야 하는 행동지침이 하나하나 자세하게 제시되어있다. 예를 들면, 물뿌리고 청소하는 것부터 어른들에 대한 응대(세소응대)며 나아가고 물러나는 행동하나까지 친절하게 설명되어있다. 반면 『대학』은 철학적 문제를 다룬다. 그러나 근대 이전의 학(學)이란 이른바 관리계급인 사(士)계층 이상에 속하는 사람들의 독점적 권리이기도 했다. 하층민들은 굳이 배울 필요가 없었고, 심하게는 배움이 통제되기도 했다.

특히 여성들에게 그러했는데, 여자가 많이 배우면 팔자가 사납다거나, 심지어 서민들 사이에서는 가시나(소설 『토지』 7권에도 등장하는 딸을 말함)들은 시집가면 남의 자식이 되기 때문에 가르칠 필요가 없다는 말이 공공연하게 나돌아 다닐 정도였다.

이러한 인식 속에 여성들이 공개적인 장소에서나 공적으로 배우기 시작한 것은 근대가 시작되는 시점이었고, 게다가 서민 여성들이 고등교육을 접할 수 있게 된 것은 불과 몇 십 년밖에 되지 않는다. 그러나 국민국가시대와 민주화된 현대는 누구나 배우지 않으면 안 된다. 아니 배움은 이제 의무가 되었다. 의무교육이 초등학교를 넘어 중학교까지 이어졌다.

현대인은 의무적으로 학교에 가서 배워야하고, 또한 취직하기 위해 배워야한다. 지금은 뭔가 깨달음을 위해 배워야겠다고 인식하기 전에 거의 무의식적으로 배우고, 스펙을 쌓기 위해 배운다. 그 때문인지 많은 사람들은 배움을 힘들어 하고, 번거로워 한다. 왜냐하면 오로지 경쟁의 도구로 배우기 때문이다. 물론 이런 현대인들의 고충을 모르는 바가 아니다. 어쩌면 그것은 현대를 살아가기 위한 숙명 같은 숙제인지도 모른다. 그렇기 때문에 더욱더 배움이 무엇인지, 왜 배워야하는 지를 때때로 묻지 않을 수 없다. 그리고 그 답을 선인(先人)들에게서 찾는 것도 하나의 지혜일 것이다.

(2) 학을 하는 이유와 지향점

선인(先人)들이 학문하는 이유는 크게 두 가지인 듯하다. 하나는 위기지학(爲己之學)이고, 다른 하나는 위인지학(爲人之學)이다. 간단히 말해서 위기지학은 치기(治己), 즉 자신의 인격을 닦는 수신(修身)이고, 위인지학은 남을 다스리기 위한 치인(治人), 즉 나라를 맡아 다스리고 백성을 구제한다는 '경국제민(經國濟民)의 학(學)'이다.

"선비가 독서를 하면 그 은택이 천하에 미치고 그 공덕이 만세(萬世)까지 전해진다.(一士讀書, 澤及四海, 功垂萬世.)"라는 박지원(朴趾源, 1737-1805)의 말처럼 학문이란 백성의 생활을 편리하게 하고 삶을 윤택하게 하는데 목적이 있었다. 그러나 당연히 위기지학(爲己之學)이 먼저 이루어져야 위인지학(爲人之學)이 가능할 것이다. 자신도 닦지 못했는데 어찌 남을 다스릴 수 있겠는가.

그러므로 동양 고전에서 말하는 학문의 최종 목적은 개인의 인격을 완성한 후 천하의 안정을 도모함이다. 따라서 학문은 수신제가(修身齊家)에서 치국평천하(治國平天下)로 이어지는 동심원적 확장의 원동력이 된다.

선인들이 학문을 하는 또 다른 이유는 이덕무(李德懋, 1741-1793)가 잘 말해주고 있다. "선비가 한가로이 지내며 할 일이 없을 때 책을 읽지 않는다면 무엇을 하겠는가? 작게는 잠을 자거나 바둑이나 장기를 뚜고, 크게는 남을 비방하거나 돈벌이와 여색에 힘쓰게 된다.(士君子閑居無事, 不讀書, 復何爲? 不然, 小則昏睡博奕, 大則誚謗人物, 經營財色.『耳目口心書』)" 이덕무가 우려하듯이 하루 종일 잠만 자면 멍청하게 될 것이요, 남을 비방하는데 골몰하면 폐가망신은 물론 사회와 국가를 병들게 할 것이다. 그러니 조용히 책이나 읽으면서 자신의 인격수양과 보다 나은 사회의 안정을 고민해보자는 것이다.

또 유계(兪棨)는 "오직 책만은 부귀나 빈천, 노소를 가리지 않는다. 한 권을 읽으면 한 권의 이로움이 있고, 하루를 보면 하루의 유익함이 있다.(惟書, 不問富貴貧賤老少. 看一卷便有一卷之益, 看一日便有一日之益.「雜識.『市南先生別集卷七』)"라고 했다. 그렇다 책은 부귀·빈천·노소를 가리지 않고 똑같은 지식과 지혜를 제공한다. 배움은 인격도야이자 만민을 평등하게 하는 유익한 존재라는 것이다.

그런데 이런 학문의 취지와 달리 학문이 종종 문제를 일으킨다. 그래서 일찍이 퇴계(退溪, 1501-1570)는 "양지의 학문이 천명되지 않아 천하 사람들은 사사로운 꾀로서 도당(徒黨)을 만들거나 서로 대립하게 되었다. 이에 사람들은 제각각 마음을 달리하게 되었으며, 편벽되거나 번쇄하거나 비루한 견해 및 교활하거나 거짓되거나 간사한 학술(學術)이 이루 말 할 수 없이 많이 나타났다. 겉으로는 인의(人義)를 표방하지만 실제 속으로는 사리사욕을 추구하거나 말을 바꾸어 시속(時俗)에 아부하거나, 진실 되지 못한 행동으로 사람들의 칭송을 구하거나 다른 사람의 훌륭한 점을 덮어 비림으로써 자기가 잘난 체 하거나, 다른 사람의 사욕(私慾)을 들추어냄으로 자신은 정직한 체하거나 길길이 뛰며 상대방을 이기려고 하면서도 입으로는 의(義)를 좇는다고 하거나 음흉하게 상대방을 거꾸러뜨리려 하면서도 악을 미워해 그렇게 한다고 하거나 어질고 유능한 사람을 시기하면서도 자기는 시비에 공정하다고 하거나, 마음껏 욕심을 부리면서도 자신은 좋은 것이든 싫은 것이든 똑같이 대한다고 하거나 하면서 서로 능멸하고 서로 해치고 있다.(良知之學不明, 天下之人用其私智以相比軋, 是以人各有心, 而偏瑣僻陋之見狡僞陰邪之術, 至於不可勝說, 外假人義之名, 而內以行其自私自利之實, 詭辭以阿俗, 矯行以干譽, 揜人之善而襲以爲己長, 訐人之善而竊以爲己直, 忿以相勝而猶謂之徇義, 險以相傾而猶謂之疾惡, 妒賢忌能而猶自以爲公是非, 恣情縱欲而猶自以爲同好惡, 相陵相賊.)"고 하였다.

조선시대 말기의 실학자이자 과학사상가인 최한기(崔漢綺, 1803-1877) 역시 이렇게 말했다. "학문이란 본래 평화로운 것으로 인간사의 분쟁을 학문을 통해 화해시키고, 정치가 도리를 잃은 것을 학문을 밝혀 바로잡으니 혼란을 막고 위기를 구해주며 어리석은 것을 깨우치고 악을 감화시키는 것이 바로 학문의 본래 의미(本意)이다. 그러나 그릇된 학문을 하는 자를 보면 항상 남을 이기려는 마음을 방자히 가져, 바람이 잠잠하건만 파도를 일으키고, 늘 자신의 결점을 숨기려고 문자를 빌려 자신을 엄호하는 방법으로 삼는다. 그러니 어찌 그 입에 올라 온전한 사람이 없다 뿐이겠는가. 심지어는 붓

끝으로 사람을 죽이기까지 하는 것이다. 이와 같은 학문을 하는 자가 조정에 기용된다면 당파싸움이 일어나게 되는 것이다. 또 이와 같은 학문이 후세에 전해진다면 무리를 지어 극심하게 싸우게 되는 것이니, 학문의 본의가 어디에 있단 말인가.(學問本自昇平. 人事之紛爭, 擧學問而和解之, 政令之失道, 明學問而規正之, 止亂扶危, 發蒙化惡, 乃學問本意也. 竊觀錯學問者, 常肆其勝心. 揚波濤於風靜之後, 每掩其缺漏, 援文字爲遮護之術. 奚但口無完人. 至有筆端殺人. 以此學問, 徵用於朝廷, 則朋黨之禍興, 流傳於後世, 門戶之爭酷, 學問之本義安在.)"

깊이 새겨들어야 할 말들이다. 우리 역사에 퇴계나 최한기가 우려했던 일들이 얼마나 많았던가. 또한 일찍이 공자는 "옛날 학자들은 자신의 내면적 성취를 위한 학문을 하였는데, 지금 학자들은 남의 눈을 의식한 학문을 한다.(古之學者爲己, 今之學者爲人. 『論語』「憲問篇」)"라고 질책한 바가 있다. 공부라는 것은 남에게 보여주기 위함이 아니라 자신의 인격 도야를 위해 정진하는 것이다.

그러므로 남이 알아주지 않는다고 화를 낼 필요도 없다. 다만 사적으로 편을 갈라 반목질시하거나 정도를 벗어난 학문으로 세상 사람에게 아첨할 수 있는 곡학아세(曲學阿世)를 경계해야 한다.

(3) 학의 지향방법과 자세

공자는 자신은 태어나면서부터 안 것(生知)이 아니라 배워서 알았다(學知)라고 하며 끊임없이 배워가면서 자신의 정체성을 찾고자 했다. 이러한 공자의 학문에 대한 자세로 『논어』「학이편」에서 "배움은 늘 부족한 것처럼 추구하고, 배운 것을 잃어버릴까 조심한다.(學如不及, 猶恐失之)"라는 말을 했다.

왜 그렇게 해야 하는가 하면 다른 것도 마찬가지이겠지만, 배움에는 나아가고 물러섬(進退)만 있을 뿐이기 때문이다. 그냥 그 상태로 가만히 정지 되어 있는 것이 아니기 때문이라는 것이다. '학(學)'은 마치 뱃사공이 열심히 노를 저어 강물을 거슬러 올라가는 것처럼 나아가지 않으면 강물에 의해 떠내려가게 된다. 그래서 오늘 계속해서 배우지 않으면 어제 배운 것도 잊어버리게 되므로 퇴보하지 않기 위해서는 나아가야 한다는 것이다.

앞에서 잠시 언급한 익힌다는 '습(習)'이라는 글자는 배움의 방법을 알려준다. 습(習)이란 글자는 '깃 우(羽)'와 '흰 백(白)'이 합쳐진 것으로 이 백(白)은 '스스로 자(自)'가 변형된 것이다. 즉, '익힌다'라고 하는 뜻의 '습'은 새가 스스로 반복해서 날개 짓을 하는 것(習鳥數飛也)으로 반복학습이다.

알에서 깨어난 새는 날기 위해 수없이 많은 날개 짓을 하면서 스스로 나는 것을 익힌다. 매일 수십 번씩 땅을 차고 날아오르는 연습을 하다가 어느 날 문득 창공을 유유히 날아간다. 이것이 습이다. 사람들은 흔히 배움은 머리로 이해하는 것이라 생각한다. 그러나 배움은 반복하면서 몸에 익혀 실천하는 윤리·도덕적 행위이기도 하다.

요즈음 사람들은 '학(學)'만 중시하고 '습(習)'을 중시하지 않는 경향이 있다. 어릴 때부터 열심히 학교와 학원을 다니면서 선생님으로부터 배우는데 배운 내용을 스스로 익혀 내면화하는 '습'이 부족하다. 그러니 시험을 치면 답은 맞추는데 생활에서 실천할 줄은 모르게 되는 것이다. 그것은 배움이 머리 안에만 있고 몸에 익지 않았기 때문이다.

그래서 공자가 '배움(學)'과 '익힘(習)'을 나눈 것도 배우는 것과 익히는 것이 다르다는 것을 설파(說破)하며 인의예지신(仁義禮智信)을 머리로 배우기(學)만 하고 생활에서 몸소 실천할 수 있는 밑거름이 되는 몸에 익히는 것(習)을 하지 않으면 별 쓸모가 없다고 하였다.

이와 관련하여 퇴계도 "배운다는 것은 일을 익혀 참되게 실천하는 것으로 말한다. 대저 성인의 학문은 마음에서 찾지 않으면 어두워져서 얻지 못하는 까닭에 반드시 생각하여 그 미묘한 것을 통해야한다고 하였다. 또 익히지 않으면 위태로워져 불안한 까닭에 반드시 배워서 실천해야 한다.(孔子曰, 學也. 習其事而眞踐履之謂也. 蓋誠門之學不求諸心, 則昏而無得, 故必思以通其微, 不習其事, 則危而不安, 故必學以踐其實.)"며 배움과 함께 익힘의 중요성도 강조하였다. 즉 학문은 배우고 물음으로써 진정한 앎에 접근해가는 의미로 '學'은 학습의 의미가 된다.

『중용』에도 학문 자세로에 대한 언급이 있다.

"남이 한 번에 가능하다면 나는 백번이라도 할 것이고, 남이 열 번에 가능하다면 나는 천 번이라도 해서 가능하게 한다는 것이다(人一能之, 己百之, 人十能之, 己千之)."라는 것이다. 그러나 배우기만 하고 생각하지 않으면 사리를 제대로 분별하기 어렵고(學而不思則罔), 생각하기만 하고 배우지 않으면 오류나 독단에 빠질 위험이 있다(思而不學則殆). 따라서 '배움(學)'은 단순한 배움이 아니라 생각과 물음이 포함된 '물음(問)'과 '생각(思)'이 병행되어야 올바른 '학문'이 된다는 것이다.

다시 말하면 배움(學)과 물음(問)에서 '학'이 단순히 지식을 배우는 것인 반면, '물음(問)'은 그 지식을 주체적으로 소화하여 나의 것으로 만들기 위해 논리적이고 객관적인 관점에서 호기심과 의문을 가지고 추구하는 것이다.

역시 이미 『중용』에도 나와 있듯이, "널리 배우고, 자세히 물으며, 신중하게 생각하고, 명확히 변별하며, 독실하게 실천하라(博學之, 審問之, 愼思之, 明辨之, 篤行之.)"라는 박학(博學)·심문(審問)·신사(愼思)·명변(明辨)·독행(篤行)의 다섯 가지 중에 하나라도 빠지면 '학(學)'이 아니다.

그리고 선인들의 학문 방법은 한 마디로 '온고지신(溫故知新)'이었다. 이는 이전의 역사와 문화와 제도 등을 깊이 숙지하고 그것을 토대로 하여 새로운 시대에 맞는 지식과 문화를 이해하고 만들어 나간다는 뜻이다.

이를 달리 말하면 '법고창신(法古創新)'으로, '옛것으로부터 배우되 생각하기를 멈추지 않으며 이를 통해 새로운 것을 만들어낸다'는 학문 방법이다. 그렇다면 이러한 배움을 언제까지 할 것인가. 결론부터 말하자면, 죽는 날까지 배움을 그만 두어서는 안 된다.

그래서 안중근 의사가 옥중에서 작성한 유묵(遺墨)에서도, "하루라도 글을 읽지 않으면, 입안에서 가시가 돋아난다(一日不讀書, 口中生荊棘)"라고 하였다.

(4) 글로벌시대의 학이란

공자는 아들 공리(孔鯉)에게 시(詩)를 배웠느냐고 묻고 배우지 않았다고 하자 시를 배우지 않으면 남과 대화할 수 없다고 가르쳤다. 또 어느 날은 아들에게 예를 배웠느냐고 묻고는 예를 모르면 세상을 바르게 살아갈 수 없다고 가르쳤다.(不學詩, 無以言…不學禮, 無以立.) 공자가 아들에게 주었다는 두 가지 가르침은 인문학의 중요성이었다.

물론 공자는 스스로를 학문을 좋아하는 사람(好學者)이라며 천리(天理)를 추구했다. 그래서 아침에 도를 들으면 저녁에 죽어도 좋다(朝聞道, 夕死可矣.)라며 도학(道學)에 몰두하였다. 그러나 공자가 도학만을 안 사람은 아니다. 그는 존재가 희미한 노령의 아버지와 젊은 어머니 슬하의 어려운 환경에서 여러 가지 응용기술을 익힌 사람으로 이른바 기학(器學)을 부정하지는 않는다. 그러나 그가 자식에게 가르침을 내릴 때 말한 것은 시(詩)와 예(禮)였다.

요즘 우리 사회는 4차 산업이란 말이 화두이다. 로봇이 청소하고, 물건을 배달하는 것은 물론이요 외로운 노인들의 말벗이 되어 재롱을 피우기도 한다. 즉 로봇이 인간의 모든 것을 대신하는 인공지능(AI, Artificial Intelligence)시대가 도래 한 것이다. 앞으로 인간은 무엇을 할 것인가. 고등학생들은 단지 더 좋은 대학에 들어가기 위한 진학경쟁, 대학 졸업 후 좋은 회사에 들어가기 위한 취업경쟁으로서의

'배움(學)'은 의미가 없을지도 모른다.

특히 현재와 같은 암기 위주의 공부는 더욱 존재하기 어려울 것이다. 어쩌면 인공지능이 활약하는 시대에 인간이 할 수 있는 것은 역설적으로 인문학 공부가 아닐까라고 생각한다. 왜냐하면 인간의 가치와 공존을 추구하는 인문학을 로봇이 하기는 무리가 있다고 생각하기 때문이다.

어쨌든 내일 지구의 종말이 온다 할지라도 오늘 한 그루의 사과나무를 심겠다는 스피노자의 말처럼 지금 우리에게 필요한 것은 새로운 자아실현의 해결책으로 '학습'이 중요하다. 입시나 취업을 위한 일회성 배움이 아니라 꾸준하고 지속적이면서 습관적으로 하는 학습이어야 한다.

'날마다 새롭게 하고 또 날마다 새롭게 한다'는 『대학(大學)』의 '일신우일신(日新又日新)'처럼 매일 매일 새롭게 하면 반드시 자신의 미래도 밝고 항상 새로워 질 것이다.

8. 「예(禮)」

예는 지나침이나 모자람이 없는 것

(1) '예(禮)'란 무엇인가

인의예지신(仁義禮智信) 오상(五常)의 하나인 '예'는 모든 인간에게 적용되는 보편적 규범이자 인간의 도덕성을 실현하기 위한 과제로 유교문화의 특징인 예교문화(禮教文化)와 연결되는데 공자는 예를 인(仁)의 실천 방법으로서 "사욕(私慾)을 극복하고 천리(天理)를 회복하는 것(克己復禮爲仁. 『論語』「顔淵篇」)"이라고 하였다. 그래서 아들 백어(伯魚)에게 "예법을 배우지 않으면 설 수가 없다(不學禮, 無以立. 「季氏篇」)"고 하면서 인격적인 실천의 자율성과 독립성을 예에서 주지시켰다.

또 맹자는 예를 인간 성품의 도덕적 기본 요소의 하나로 파악하여 '사양하는 마음'이라는 선한 감정으로 나타난다고 했다. 이에 비해 순자(荀子)는 예를 인간 사회에서 각각의 분수를 한정짓는 기준으로서 객관적 규범으로 파악하고, 인간 성품의 악함을 다스리는 역할을 하는 것이라 했다.

이와 같이 예란 무엇인가라는 정의와 논의는 다양하여 흔히 삼례(三禮)라고 하는 '주례(周禮)'·'의례(儀禮)'·'예기(禮記)'에는 예에 관한 수많은 정의와 행위들을 적어놓고 있다. 가장 많이 거론하는 예에 대한 정의로 주자(朱子)가 말한, "하늘 이치의 절도 있는 문채요, 인간 사무의 행동 규범(天理之節文 人事之儀則)"이라는 말이 있다.

이 말은 천지자연의 질서를 구체화 시켜서 인간에게 적용한 것이 예라는 의미일 것이다. 즉, 예는 사람이 지켜야 할 올바른 행동으로 사회 생활상 공손하게 응대하는 행동이나 인사와 절, 또는 감사의 예물을 전하거나 감사의 말을 표현하는 것 등으로 인간 행동의 근간이자 스스로의 마음으로부터 발동하는 자발적 규범으로 부분과 전체의 조화나 질서의 형태를 만들면서 각자의 분수를 지키는 것이기도 하다. 그러므로 조직이 예를 잃으면 전체는 조화를 잃고 계통이 혼란해지고, 사물이라면 수습할 수 없게 되기 때문에 절제로 전체의 조화를 이끌어 내는 것이 중요한 덕목이 된다.

인간에게는 공손한 행동의 절제와 배려심인 이 예가 있다는 것이 동물과 구별되는 것이기도 하다. 나아가 인간과 동물을 구별하는 키워드는 여러 가지가 있지만, 먼저 인간이 짐승과 다른 점은 부끄러움을 알고 염치가 있다는 것이다. 그래서 모든 인간은 기본적으로 평등하며 존중되어야 함을 묘사한 『허클베리 핀의 모험(Adventures of Huckleberry Finn)』을 쓴 미국의 문호 마크 트웨인(Mark Twain, 1835-1910)은 '인간만이 얼굴이 붉어지는 동물'이라고 했다.

예의 실천으로 『논어』나 『명심보감』을 통해 우리가 흔히 듣는 말은 "예가 아니면 보지 말고, 예가 아니면 듣지 말며, 예가 아니면 말하지 말고, 예가 아니면 행동하지 말라(非禮勿視, 非禮勿聽, 非禮勿言, 非禮勿行. 『論語』「顔淵篇」)"는 것이다.

그런데 예라는 것이 구체화된 물건이라면 취사선택하면 되지만 그렇지 못하여 '모자라면 비례(非禮)가 되고, 넘치면 뇌물'이 되므로 '중용(中庸)'을 중시하게 된다.

그렇다고 하여 중용을 지킨다는 것도 쉽지만은 않다. 그러나 중용을 지켜야 하는 그 어려움은 의외로 간단한 곳에 있다. 즉 자신의 마음에 비추어 내가 받고 싶은 것은 상대방에게 주고, 받고 싶지 않은 것은 주지 않으면 된다.

명심보감에는 다음과 같은 예가 있다.

"만약 남이 나를 소중히 여기도록 하고 싶으면 내가 남을 소중히 여기고(若要人重我, 無過我重人.「遵禮篇」15조),

"내가 하고 싶지 않은 일은 남에게 시키지 않으면 된다.(己所不要, 勿施於人.)"

또

"밖에 나가서는 누구를 만나든지 큰 손님을 대하듯이 하고, 집에 들어와서는 마치 사람이 있는 것 같이 공손한 행동(出門如見大賓, 入室如有人.「遵禮篇」12조)"
을 하면 된다.

그 뿐만 아니라, "방에 혼자 앉아 있더라도 사람이 많이 다니는 사거리에 있는 것처럼 조심하고, 자신의 마음을 다스릴 때는 여섯 마리의 말을 몰듯이 조심하면 잘못하는 일이 없다(景行錄云, 坐密室如通

衢, 馭寸心如六馬, 可免過.『明心寶鑑』「存心篇」1조)"는 것이다.

이렇게 내 마음에 빗대어 스스로 삼가 하면 맹자가 말한, "어진 사람은 남을 사랑하고 예를 가진 자는 남을 공경하고, 남을 사랑하는 사람은 남도 항상 그를 사랑할 것이고, 남을 공경하는 사람은 남도 항상 그를 공경하게 될 것(孟子曰, 仁者愛人, 有禮者敬人. 愛人者, 人恒愛之, 敬人者, 人恒敬之.『孟子』「離婁篇」.『明心寶鑑』「遵禮篇」5조)" 이라는 말이 이해될 것이다.

실제로 예는 인간 삶의 중대한 일인 관혼상제(冠婚喪祭)에서부터 이웃과의 일상적 교제·음식·의복뿐만 아니라 앉고 일어나며 나아가고 물러나는 모든 동작을 규정하는 등, 인간생활 전반에 관여하며 인간관계의 핵심적 기능을 수행한다.

그러므로 예는 예악사어서수(禮·樂·射·御·書·數)인 육예(六藝)의 하나이자, 인의예지신(仁·義·禮·智·信)인 오상(五常)의 하나로 예를 잃으면 인간으로서의 가치를 잃게 될 것이다.

(2) 예는 왜 생겼을까

그렇다면 예라는 다양한 의식은 왜 생겼을까?

순자의 말에 의하면 "사람은 태어나면서부터 우는데 절제와 한계가 없으니 이로 인해 다툼이 생긴다. 다투면 어지러워지고 어지러워지면 궁해진다. 성인(聖人)들이 그 어지러움을 싫어하여 예를 만들어 분별력을 가지게 하고 욕망을 길들이게 하였으며, 구하는 바를 고르게 공급되게 하여 욕심을 내되 재물이 궁하지 않게 하고, 재물이 욕망 때문에 바닥나지 않게 하여 조화를 도모하기 위해 생겨난 것(禮起於何也. 曰人生而有欲, 欲而不得, 則不能無求, 求而無度量分界, 則不能不爭, 爭則亂, 亂則窮, 先王惡其亂也. 故制禮義以分之, 以養人之欲, 給人之求, 使欲必不窮乎物, 物必不屈於欲, 兩者相持而長, 是禮之所起也.『荀子』「禮論」)"이다.

즉 예는 무분별하게 추구하는 어찌할 수 없는 인간의 욕망을 방지하고 그로 인한 분쟁을 조정하기 위해 인간이 만들어낸 하나의 제어장치 역할을 하기 위해 생긴 것이다. 그러므로 일찍이 공자는 "한 집안에 예가 있으므로 어른과 어린이의 분별이 있고, 안방에 예가 있으므로 三族이 화목하고, 조정에 예가 있으므로 벼슬의 차례가 있고, 사냥하는데 예가 있으므로 일이 숙달되고, 군대에 예가 있으므로 무공(武功)이 이루어진다(子曰, 居家有禮故長幼辨, 閨門有禮故三族和, 朝廷有禮故官爵序. 田獵有禮故戎事閑, 軍旅有禮故武功成.『明

心寶鑑』「遵禮篇」1조)"고 하였다.

여기에서는 인간으로서 지켜야할 종류의 예절을 여러 가지 측면에서 논한 것으로 가족간과 친족간, 정사(政事)를 돌보는 조정에서의 예와 함께 사냥이나 심지어 전쟁에서조차도 예가 있으므로 전공을 세울 수 있다며, 예의 발생이 조직유지의 근간이 되는 것을 여러 측면에서 논하고 있다.

이와 같이 예는 질서와 조화를 이끌어 내는 것으로 가정이나 사회를 불문하고 규모에 상관없이 절제력과 분별력이 있게 하고 혼란과 분쟁을 막고 욕망을 방지하여 인간관계를 조화롭게 한다. 또 그 조화가 자발적 규율의 구체적 행위로서 필요로 한다. 그러나 다양한 개성으로 자기주장을 하는 인간 집단에서 합의된 결론 도출이나 일의 진척이 어려우므로 사람들 간의 관계에 일정한 원칙과 기준이 필요하지만 수평적인 대등한 관계만으로는 어려운 경우가 많다.

위계 질서구축의 필수적인 규범의 예로 자신의 의지와는 무관한 출생의 순서를 인위적으로 바꿀 수 없으므로 연장자에 대한 공경을 가르쳤다. 그 이유는 나이 먹은 만큼 인생경험이 많고 이해의 폭도 넓은 것으로 인식했기 때문이다. 그래서 사람을 만나면 상대방의 나이를 묻고 나이에 따라 태도를 결정하는 경우가 많지만 효율적으로 조직을 운용하기 위해 만들어진 질서가 나이 많다는 이유로 권위를 내세워 아랫사람의 진취성을 억압하거나 부당한 처우를 하여서는 안 된다는 것도 알고 있다.

즉 예는 더불어 사는 인간 사회에서 꼭 필요한 것이지만 너무 지나치면 오히려 경직된 분위기로 흐르기 쉽고 예절의 근본정신을 망각하고 형식적인 것만 쫓을 우려가 있다. 이러한 폐단은 예로부터 있어온 것으로 "예를 적용함에는 화합을 이루는 것을 귀중하게 여겨 옛 임금도 이것을 미덕으로 여긴다(禮之用和爲貴, 先王之道斯爲美. 『論語』「學而」)"고 하였다. 또 공자는 "예란 사치스럽기 보다는 차라리 검소한 것이 낫다(禮與其奢也, 寧儉也.)"며 예가 경직의 폐단과 형식으로 흐르지 않고 실제 생활에 조화롭게 적용되어야 한다는 것을 암시하고 있다.

현대적인 의미에서의 예도 표면상의 공손함이나 규율·언행동작이 강조되지만, 공자의 견해를 빌리면 그것은 예의 규정된 형식에 불과한 것이고 예의 본질은 스스로 행하여 취하는 소행자득(素行自得)이자 자기 자신의 마음으로부터 자연스럽게 넘쳐나는 것을 다하는 것이다. 비록 도덕적 질서를 위한 최소한의 구속은 우리 행동의 한계를 미리 설정한다고 하지만, 인간과 인간, 인간과 천지자연의 관계를 부드럽게 하는 촉매제 역할로서의 예는 자연스럽게 자리를 잡아나가야 한다.

(3) 예의 어원과 변천

예의 어원적 의미는 고대 사회에서 질서를 유지하고 복을 받기 위해 귀신을 섬기는 제사의례에서 찾을 수 있다. 청대 단옥재(淸代 段玉裁, 1735-1815)는 후한(後漢)의 허신(許愼)이 편찬한 『설문해자(說文解字)』를 주석한 『설문해자주(說文解字注)』에서 '땅 귀신 기(祇)'자와 '풍년들 풍(豊)'자로 풀이하고 있다.

구체적으로는 예禮(示+豊) 글자의 '示'는 신적 존재로 신을 섬기는 제단의 형태로 신사(神事)를 말하며, 예(禮)의 오랜된 글자인 '풍(豊)'은 공물(供物)이 풍성하게 되는 그릇을 말한다. 제기(祭器)인 '두(豆)'에다 제물인 곡식을 담아 신에게 봉헌하는 제사를 의미하는 것으로 풍(豊)자는 실제로 예(禮)의 옛 글자이다.

『설문해자』의 시부(示部)에는 밟고, 신(神)을 섬기고 복을 이르게 하는 근원이 된다. 리(履)는 사람이 발로 길을 밟으며 걷는 의미나 토지를 얻어서 그 땅을 밟는 의례(儀禮)의 의미이기도 하지만 양쪽 다 사람이 대지를 밟는 행위를 말한다. 사람이 밟고 지나가면 그것이 길이 되고, 그 길은 사람이 다다르는 통로(術)가 되어 이것을 다하면 신의 뜻(神意)에 이르므로 복을 만나게 된다. 이 복을 만난다는 것은 그냥 주어지는 것이 아니라 자신이 행해온 행적에 따라 복이 따른다는 것이다.

즉 여기서 예는 근실경건(勤實敬虔)하게 신을 공경하는 제의(祭

儀)의 의미를 지니며, 대지를 밟고 천지자연의 계절변화에 외경심(畏敬心)을 가지고 자연신에게 기원하고 감사하는 것이기도 하다.

우리나라는 상고시대부터 예가 발달하여 삼국 초기에 전통의 제천의례(祭天儀禮)에 유교적 국가의례 제도인 시조묘(始祖廟) 제도를 도입하였다. 삼국시대와 통일신라 때에는 국학인 태학(太學)이 성립하여 공자를 모신 사당인 문묘(文廟)제도를 수용하면서 의례 문화가 발달하였다.

고려시대에는 국가의례가 정비되어 고려 말기에는 관혼상제를 비롯하여 일상생활과 밀접한 관계에 있는 주자의 예설을 모아 편찬한『주자가례(朱子家禮)』가 보급되었다. 이『주자가례』의 시행이 조선시대 초기에 본격적으로 확산되어 국가의례의 체계적 재정비를 통해 길(吉)·흉(凶)·가(嘉)·빈(賓)·군(軍)의 다섯 가지 예 가운데 꼭 지켜야 할 것들을 뽑아 그림과 더불어 설명한『오례의(五禮儀)』혹은『국조오례의(國朝五禮儀)』가 편찬되어 조선시대 후기에는『가례』가 대중적으로 확대되었다.

특히 17세기는 '예학시대'로 일컬어질 정도로 예학이 융성했으며, 성리학의 핵심문제이면서 왕위계승 원칙인 종법의 이해 차이에서 비롯된 왕실의 정통성과 연관된 의례문제에 관하여 서인과 남인 간의 논쟁으로 확산된 예송(禮訟)논쟁이 정치적 쟁점이 되기도 하였다.

중국은 상민계급은 물론 양반계급에서조차 예가 철저하게 준용되지 않았는데 조선에서는 이른바 상민계급에게는 별로 통용되지 않았다할지라도 양반 계층에서 철저하게 지켜져 지나친 예의 준용이 당쟁이나 사화로 비화되는 요인이 되기도 하여 사회에 끼친 부정적 영향이 컸다.[18] 이는 공자가 강조한 예의 본질이 퇴색하고 형식이 위세를 떨쳤기 때문이다.

그러한 폐단을 줄이기 위해 1897년 대한제국의 성립과 더불어 사회제도와 의례의 광범한 변혁이 일어나면서 국가의례의 개편에 따라 과거의 예제를 고쳐 독립제국에 맞도록 제정·시행하기 위해 만든 예전인 『대한례전(大韓禮典)』을 편찬하기도 하였다.

나아가 1910년 국권 상실과 서양 문물의 보급이 확산됨에 따라 국가의례의 급격한 붕괴가 일어나고 이와 더불어 가정의례도 침체에 빠지게 되었다. 1969년 광복이후 관습화된 전통의례의 허례허식에 따른 폐단을 개혁하기 위해 정부가 가정에서 치르는 관혼상제 의례에 관한 의식의 번거로운 절차를 간소하게 하였다. 의식을 간소하게 고쳐, 낭비를 막고 건전한 생활 자세를 기르는 데 목적을 두고 1973년 5월 17일에 「가정의례준칙(家庭儀禮準則)」을 제정하였다.

---

18) 서양에서는 상류층에서 사소한 부분까지 까다로운 의식들을 고안하여 예로 삼아 자신들의 계층을 특권화 하였는데, 16세기 영국에서 출판된 이탈리아의 예법서 중에 발다사레 카스틸리오네(Baldassare Castiglione, 1478-1529)의 『예법서(libro del cortegiano)』(1528)가 유명하다. 그 중 리처드 브래스웨이트의 『영국신사(The English Gentleman)』 『양처의 특징(Description of a Good Wife)』 등은 당시 영국의 식민지였던 미국에도 전해졌다.

(4) 생각하고 실천해야 할 예

이와 같은 전통의 예는 불평등하다고 지적하는 사람들도 있지만, 넓은 의미에서 분명히 전통 예는 우리가 삶을 살면서 올바르고 사람답게 살기 위한 주춧돌이다. 또 우리의 삶과 떨어뜨려서 생각 할 수 없는 문제이며 우리의 후손에게 올바르게 가르치고 알려야 할 삶 속의 미덕이기도 하다.

이러한 전통 예의 순기능적인 면을 현대의 급변하는 세상에 맞추는 것은 그 자체가 힘들고 한 사람의 노력으로 되는 일이 아니다. 그러나 현대 사회와 만난다면 이기주의, 인간소외, 가치상실, 황금만능주의 등과 같은 현대사회의 고질병 치료에 도움이 될 수 있다.

지금 우리의 삶은 앞에서 말한 공자와 맹자의 시대로부터 엄청난 시공의 거리가 있다. 그럼에도 불구하고 우리가 약 2400년 전의 공자와 맹자를 거론하는 것은 사람살이와 인간관계라는 커다란 기본 틀이 변하지 않았기 때문이며, 동시에 그들의 말은 오늘날에도 적용할 가치가 있기 때문이다. 그렇다고 하여 공자와 맹자가 말한 시대에 한정한 예식들까지 지금 시대에 그대로 가져와서 행하면서 왈가왈부 할 필요도 없다고 생각한다.

도시화와 핵가족화시대에 이른바 얼굴도 모르는 오랜 조상들을 위한 제례가 지켜져야 한다는 생각과 그러한 허식적인 행위가 불필요하다는 생각이 난무하고 있다. 그러나 아무리 보편화된 수평적 문화라고 해도 위아래가 구분되지 못한다면 곤란하다.

> 안자(晏子)는 "윗사람으로써 예가 없으면 아랫사람을 부릴 수 없고, 아랫사람으로써 예가 없으면 윗사람을 모실 수 없다
> (晏子曰, 上無禮, 無以使下, 下無禮, 無以侍上.『明心寶鑑』「遵禮篇」 2조)"

고 하였다. 즉 서로가 서로의 위치에서 각자의 자리를 지켜야 한다는 뜻이다.

> 또 공자는 "군자로서 용맹하기만 하고 예가 없으면 세상을 어지럽게 하고, 소인으로서 용맹하기만 하고 예가 없으면 도둑질을 하게 된다(子曰, 君子有勇而無禮, 爲亂. 小人有勇而無禮, 爲盜.『明心寶鑑』「遵禮篇」4조)"

고 했는데, 새겨들어야 할 말이다.

군자는 많이 배워 전문적 지식을 갖춘 엘리트층을 말하는 것으로 이들이 예를 갖추지 못하고 개인적 사욕(私慾)과 사욕(邪慾)에 눈이 멀다면 곡학아세(曲學阿世)하기 때문이다.

그런데 안타깝게도 지금 우리는 이런 현상을 목도하고 있다. 여러 언론이 보도한 것처럼 대한민국의 엘리트라는 사람들이 민주주의 국가를 지탱하는 최고 기관인 헌법재판소에서 무례(無禮)와 비례(非禮)를 저지른 것이다. 이들은 여기서 그치지 않고 장외에서 대중들을

선동하고 있다.

이른바 전대미문의 '국정농단 사태'로 조선시대의 당쟁을 연상시킬 정도로 온 나라가 양분되어 시끄럽지만, 사태의 주도자와 부역자들은 반성의 기미나 자기성찰의 죄책감 없이 뻔뻔스럽게 잘못이 없다며 어떻게든 법망을 빠져나갈 궁리만 한다. 부끄러워해야 할 일에 부끄러움을 느끼지 못하면 금수(禽獸)와 다름없다.

이 뿐만이 아니라 우리 주변을 한 번 둘러보면, 언제부터인가 대중식당은 물론이고 버스나 지하철 안에서도 남을 아랑곳하지 않고 소란스럽게 이야기 하는 것이 유행처럼 되어 있다. 나이 어린 학생들은 물론이고 아주머니들도 서너 명이 모이면 사춘기 소녀들 못지않게 왁자지껄하고 노인 좌석에 앉은 나이 드신 어르신들도 마찬가지이다. 남녀노소를 불문하고 예를 잃은 것인지 아니면 예를 모르는 것인지 참으로 답답하다.

이제는 다른 사람을 배려하고 모두를 위해 자제하는 마음으로 조용히 옆 사람을 돌아보아야 할 것이다. 그래서 예가 없는 사람들의 집합체가 아니라 예의 바른 사람들이 넘쳐나는 사회가 되었으면 한다. 그렇게 되면 외국의 레스토랑(특히 미국)에서 시끄럽게 이야기하며 식사를 하다 쫓겨났다거나 종업원에게 구타를 당했다는 치욕적인 뉴스는 접하지 않게 될 것이다.

9. 효(孝)

일상에서 효가 중요한 이유

(1) '효(孝)'란 어떤 것인가

동양사회에서 강조하는 가장 기본적인 도덕 중의 하나는 효(孝, filial duty)일 것이다. 한자의 뜻을 설명해주는 오래된 책으로 후한시대 경학자 허신(許愼, 30-124)이 편찬한 『설문해자(說文解字)』에 의하면, 효는 부모를 잘 받드는 것이다(善事父母). 즉 '효(孝)'라는 문자구조는 한자의 '늙을 로(耂)'의 생략체와 '아들 子'가 조합된 글자로 자식이 노인을 도와서 받들어 모신다거나 연로한 부모를 자식이 업어 드린다는 것을 나타내는 뜻글자이다.

흔히 부모와 자식과의 관계를 천륜이라고 하는데, 전통사회에서 이 효는 자식의 부모에 대한 경애를 기초로 성립하는 도덕이다. 그러므로 자식은 자신을 낳아 길러 준 부모의 은혜에 감사하며, 그 순수한 은혜에 보답하고자 물질적·정신적으로 정성을 다해 봉양하는 것이다.

그래서 효자는 부모를 섬김에 있어 슬하에 있을 때는 공경을 다하고, 봉양함에 있어서는 즐거움을 다하고, 병이 났을 때는 근심을 다하고, 돌아갔을 때는 슬픔을 다하고, 제사지낼 때는 엄숙함을 다하여야 한다는 생전의 정성봉양과 사후의 제사봉양이 강조된다.

유교에서는 하늘과 땅인 우주의 부모로부터 태어난 우주적 자아(自我)이자 육체의 부모로부터 태어난 가문적 자아라 할 수 있는 현세의 부모에 대한 효는 생명의 근원인 조상에 대한 공경과 보은이

전제가 된다. 사후에는 초혼(招魂)을 의미하는 제사를 통해 후손을 만나기 위해 현세로 돌아올 수 있는데, 그 제사를 행하는 주체가 아들이기 때문에 결혼하여 아들을 낳는 것이 중요했다.

왜냐하면 조상과 후손은 모두 유한한 존재로 죽지만 제사를 통해 죽음은 망각이 아니라 기억의 공간에서 후손과 연결된다고 간주하므로 효를 통하여 영생한다는 이론적 근거가 되기 때문이다. 이는 넓은 의미에서 죽음에 대한 공포를 해소하기 위한 장치로 나의 사회적 위치나 업적이 사후에 미칠 것으로 생각하는 문화를 통해 불멸과 영생을 갈구하는 믿음이기도 하다. 그래서 맹자는 자녀를 두지 않는 것이 가장 큰 불효라고 했다.

유교에서 효는 먼저 부모를 섬기지만 가족윤리의 범주인 부모와 자식사이의 정서적 공감에 한정하지 않고, 사회 정치윤리로 군주를 섬기는 충으로 퍼져나가므로 효는 가정이나 국가의 중요한 가치관이 되어 중국의 공자·맹자·주자에 이어 조선의 포은 정몽주·퇴계 이황 등과 같은 유가 사상가들에게 깊이 각인되었다. 즉, 경친(敬親)과 애친(愛親)의 기본인 효는 다른 대상에도 적용될 수 있으므로 자식이 부모를 모시는 효가 신하가 군주를 받드는 충으로 전이될 수 있음을 말하고 있다.

유교에서 인(仁)을 사랑이라고 하였을 때, 자식은 부모에게 효도로 나타내고, 부모는 자식에게 자비로 나타내고, 신하는 군주에게 충성으로 나타낸다는 논법에서 효와 충은 모두 사랑이라는 공통성을 가지고 있다(『孝經』). 따라서 부모에게 효도하는 자식이라면 그 사람은 신하로서 임금에게 충성할 수 있다는 논리로 충신이 군주를 섬기고 효자가 어버이를 섬기는 근본은 동일하다는 것이다.

그래서 전통사회에서는 가족을 바탕으로 한 효를 국가적 차원의 윤리인 충과 연결시키고 있다. 부모를 섬기는 마음을 그대로 임금에게 옮기면 충이 된다는 의미로 가장 큰 불충의 예로 한비자는 '혁명을 통하여 정권을 쟁취한 탕무(湯武)는 충효의 죄인이다.'라고 하였다. 부자 관계는 선천적·자연적 결합인 천합(天合)인데 반해 군신 관계는 후천적·인위적 결합인 의합(義合)이지만 "충신은 효자의 문에서 나온다(忠臣出孝門)"는 말처럼 효를 충의 본원으로 여기며 하늘과 땅에서 받은 만물의 성품 중에서 천성의 도리인 부모 공경의 효를 가장 중요한 도리로 간주하였다.

무가사회인 일본에서도 근세후기에서 근대 초기에 충을 강력한 천황제 부활의 국가통합 이념으로 활용하였다. 즉 천황중심 국가통합의 필요성 강조에서 충효를 재발견하여 후기 미토학(水戶學)과 존왕양이론(尊王攘夷論)을 이론적으로 완성시킨 사상가, 아이자와 세이시사이(會澤正志齋, 1782-1863)의 『신론(新論)』에서 발화한 황도론이 교육칙어의 충효일치의 천황제 이데올로기로 정착되었다. 또 근대의 일시기에 일본의 식민지 지배를 받은 한국도 식민지 시대는 물론 그 후 독재정권 때 황도유학의 수직적 지배질서 속의 충효사상이 이념화되기도 하였다.

(2) 유가(儒家) 효의 사회적 확산

유가(儒家)에서 말하는 효는 어짐의 실천으로 생겨난 인간의 착한 본성인 사랑과 공경의 마음인 인애(仁愛)를 가장 가까운 곳에서 실천하는 것으로 이는 가족공간인 자신의 부모에게만 머무르지 않고 이웃 어른까지 사랑하고 공경하는 마음으로 확대된다.

그래서 공자의 제자인 유자는 효의 확장된 개념으로 "사람됨이 부모에 효성스럽고 형에게 공순한 사람이 윗사람 범하기를 능사로 여기는 예가 없고, 윗사람 범하기를 능사로 여기지 않는 사람 치고 분란 일으키기 좋아하는 자는 아직 없었다. 군자는 근본에 힘쓰니 근본이 서야 도가 생긴다. 효제는 인의 근본이다.(有子曰, 其爲人也孝弟, 而好犯上者鮮矣. 不好犯上, 而好作亂者, 未之有也. 君子務本, 本立而道生. 孝弟也者, 其爲仁之本與.『論語』「學而篇」)"라고 하였다.

즉 부모에 대한 사랑과 감사의 마음인 효가 자신의 부모에서 친척과 이웃 어른을 공경하는 장유유서로 이어지고, 나아가 관직으로 이어진다는 단순한 개인사를 넘어 천지자연과 모든 인류에 대한 보편적 인애로 퍼진다는 것이다.

그래서『효경』에는 효를 "하늘의 불변한 기준이요 땅의 떳떳함(天之經 地之義)."이라며 천지인의 삼재(三才)를 관통하는 우주적 원리로까지 승화시켰다. 그러므로 '머리카락과 살갗 등 몸은 부모로부터 물려받은 것이므로 손상하거나 훼손시키지 않는 것이 효의 시작이고, 몸을 닦고 도의를 행하여 후세에 이름을 날림으로써 부모를 드러내는 것이 효의 끝이라 했다.

또 효는 부모를 섬기는 것이 시작이고, 군주를 섬기는 과정을 거쳐 수신하고 세상에 공명을 세우는 것이 마지막이라고 하였다. 육체는 낳고 길러주신 부모에게서 받은 것으로 부모의 육체와도 같은 것이니 잘 보전하는 것이 중요한 효의 하나로 중국·한국·일본 등 동아시아 국가들은 전통적으로 이러한 효행을 중시하였다.

즉 자식은 항상 부모 입장에서 효의 참뜻을 되돌아보아야 하는데, 그 중에서도 부모는 항상 자식의 병을 걱정하기 때문에 자신의 몸을 소중히 하고 질병을 조심해야 한다. 이미 공자도 말했듯이 "부모는 오직 그 자식의 질병만을 걱정하신다.(子曰, 父母唯其疾之憂.「爲政篇」)"라고 한 것처럼 과거와 현재를 불문하고 가장 기본적인 효는 자신의 건강을 유지하는 것이다. 자식이 건강을 잃는 것만큼 부모에게 고통스러운 것은 없다. 부모는 산에 묻고 자식은 가슴에 묻는다는 말도 있듯이 자식을 잃은 부모의 심정은 불 꺼진 재와 같아서 더 이상 희망이 없다고 한다. 그래서 유가에서 효의 시작은 절제되고 올바른 행동으로 건강을 잘 유지하여 부모로부터 부여받은 생명을 상하지 않게 보존하는 것에서부터 시작한다는 점을 강조한다. 나아가 부모가 소외감을 느끼지 않도록 가까이에서 상냥하게 그 뜻을 살피고 언행을 공손하게 하며 수양과 덕을 쌓아 사회가 필요로 하는 인재로 후세에까지 자신과 가문의 이름을 빛나게 하는 것이 효의 마지막 단계가 된다.

이와 같이 효는 부모자식간의 정서적 공감을 초월하여 공공선의 존중 등 다양한 요소를 포괄하고 있다. 이 중에서 공공의 도리를 치켜세워 후세에 이름을 날릴 만한 업적을 남겨야 한다는 출세 지향주의적인 특성은 사람이 죽더라도 성취한 결과는 사라지지 않는 부후(不朽)의 존재가 된다. 그 중에서 최고의 업적으로는 과거시험에 합격하여 정계에 진출하는 것이었으므로 조선시대 수많은 학인들이 평생 과거 합격을 위해 동분서주한 것은 효와도 관계가 깊다고 할 수 있다.

(3) 『명심보감』이 전하는 효

『명심보감』에는 효행을 권장하는 글들이 많다. 첫머리의 「계선편」에서 강조하는 선행은 행복과 평화의 상징으로 선량한 마음에서 나오고, 악행은 악한 마음에서 나오므로 착한 행실을 하려면 먼저 마음을 선하게 가져야 하듯이 자식 키움에 있어 애정과 정성을 다하는 부모에게 진심으로 효도를 다하라는 것이다.

부모의 은혜는 하늘과 같이 크고 높으므로 부모의 은혜에 대해 효도하는 것이 자식 된 자의 자연스러운 도리로 그 은혜에 대한 구체적인 효도는 부모에게 순종하고, 부모를 공경하고 봉양하는 도리와 상장(喪葬)과 제사를 받드는 것이다.

「효행편」에서는 "아버지 나를 낳으시고 어머니 나를 기르셨으니, 아아 슬프다, 부모님이여, 나를 낳아 기르시느라 애쓰고 수고하셨도다. 그 은혜를 갚고자 한다면, 저 넓은 하늘과 같이 끝이 없도다.
(父兮生我, 母兮鞠我, 哀哀父母, 生我劬勞, 欲報深恩, 昊天罔極. 「孝行篇」)"

"내가 부모에게 효도하면 자식 또한 나에게 효도하나니, 내가 먼저 효도 하지 않는다면 자식이 어찌 효도하리오. 효순(孝順)하는 사람은 다시 효도하는 아들을 낳고, 거역(拒逆)하는 사람은 다시 오역(忤逆)하는 아들을 낳는다. 이 말이 믿어지지 않거든 단지 저 추녀

끝의 낙숫물을 보라. 방울방울 떨어져 조금도 어긋남이 없다.
(太公曰, 孝於親子亦孝之, 身旣不孝子何孝焉, 孝於親, 子亦孝之, 身旣不孝, 子何孝焉. 孝順還生孝順子, 五逆還生五逆兒, 不信但看簷頭水, 點點滴滴不差移)"라고 하였다.

효행은 당연한 것이지만 내가 불효 했다면 자식에게 효도를 받을 수 없다는 인과응보의 결과론을 가지고 효의 근본정신과 구체적인 실천을 알기 쉬운 방식으로 설득시키고 있다.「훈자편」과「성심편」에서도 "엄격한 아버지는 효자를 낳고 엄격한 어머니는 효녀를 낳고, 아버지가 근심하지 않는 것은 아들이 효성스럽기 때문이고, 남편이 번뇌가 없는 것은 아내가 어질기 때문이다.(嚴父出孝子, 嚴母出孝女.父不憂心, 因子孝, 夫無煩惱是妻賢,)"라고 하였다.

『명심보감』에서는 효자는 효자를 낳는다는 인과응보의 엄격한 부모상으로 "처자를 사랑하는 마음으로 부모를 섬기면 그 효성이 극진할 것이요, 부귀를 보전하려는 마음으로 임금을 받들면 충성 아닌 것이 없을 것이요, 남을 꾸짖는 마음으로 자신을 꾸짖는다면 허물이 적을 것이요, 자신을 용서하는 마음으로 남을 용서한다면 사귐을 온전히 할 수 있다.(以愛妻子之心, 事親則曲盡其孝. 以保富貴之心, 奉君則無往不忠.以責人之心, 責己則寡過. 以恕己之心, 恕人則全交.「存心篇」)"고 하였다.

무릇 모든 사람은 자기 아내와 자식을 끔찍이 사랑하는데, 이처럼 자기 아내와 자식을 사랑하는 마음으로 부모를 섬긴다면 세상에서도 보기 드문 효자가 될 것이라며 낳아 길러 주시며 근심과 고생을 한 부모이기에 처와 자식을 사랑하는 것처럼 부모에게도 정성으로 효성을 다할 것을 강조하고 있다.

『명심보감』에서도 효를 행하면 물질적인 보상을 바라지 않아도 자연스럽게 보상이 따라 불행을 피하고 행운을 누릴 수 있다는 감응론이 있다. 즉 효와 공손이 최상이 되면 하늘의 천지신명에게 통하여 사방에 빛이 미치지 않은 곳이 없다는 지성이면 감천이라는 말처럼 효행의 결과 하늘의 도움으로 큰 복을 받으며(孝感動天, 涌泉躍鯉, 爲母埋兒, 哭竹生笋, 臥冰求鯉, 賣身葬父), 가족의 범위에 한정되지 않고 사회의 여타영역으로 확대되어 사회질서를 유지하는 근원적인 수단이 되기도 한다.

이를 뒷받침이라도 하듯이 『효경』에서는 "어버이를 사랑하는 사람은 다른 사람에게 피해를 주지 않는다. 어버이를 공경하는 사람은 다른 사람을 업신여기지 않는다. 사랑과 공경은 어버이를 모실 때 완전히 발휘되고 그러한 도덕적 교화가 일반 백성들에게 전해지게 되면 온 세상의 본보기가 될 수 있다."고 하였다.

여기에서의 효도관에는 사람이 효만 제대로 행하면 사기 · 절도·강도 등과 같은 사회문제를 사전에 막을 수 있다는 효 만능주의가 생겨난다. 이러한 다양한 요소의 포괄이 바로 '효자 덕지본(孝者德之本)'이며, 덕지본은 덕본설(德本說)로 요약되어 효가 실천되면 사회의 모든 문제가 해결될 수 있다는 것이다.

(4) 오늘날 바람직한 효의 방향

중국 최초의 통일 국가였던 진(秦)과 그 뒤 한대(漢代)를 거치면서, 사회적·정치적 변화에 따른 사상적 변화 속에서 효 사상도 군위신강(君爲臣綱)·부위자강(父爲子綱)·부위부강(夫爲婦綱)이라는 사상변화를 하게 된다.

여기서 강(綱)이란 '모든 그물의 벼리'를 뜻하는 것으로 임금(君)·부모(父)·지아비(夫)는 벼리가 되고, 신하(臣)·자녀(子)·지어미(婦)는 그물코가 되어 군림 관계가 된다. 이에 따라 충·효·열도 권위를 바탕으로 한 종속윤리로 집에서는 부모를 밖에서는 어른을 공경하고 따르다 보니, 일부 몰지각한 어른 혹은 지도자는 간혹 완장만 차면 마음대로 하는 경우가 많아 상호 호혜와 평등을 저해하는 부분이 많았다.

또 절대적 善으로 도덕적 실천을 우선시하는 효가 불효를 최대의 죄로 간주하는 폐단으로 자식은 "부모의 도둑질한 죄까지 숨겨 주어야 한다."(『論語』「子路篇」)라는 견해까지 등장하게 되었다. 예컨대, 도둑질을 한 아버지를 관아에 고발하기 보다는 숨겨주는 아들의 입장을 정당화시킴으로써 인간이란 개인적으로 애틋함을 느끼는 곳에 더 복종하고 친밀감을 갖게 되며 이것이 더 큰 사회적인 도덕성과 윤리적 관계를 이루는 토대가 된다는 견해를 펼치고 있다.

또 공자의 제자를 자칭한 맹자도 성천자(聖天子)인 순(舜)의 아버지가 만약 살인죄를 범한다면 순은 천자의 직을 포기하고 아버지를 등에 업고 해변으로 가서 아버지와 함께 생활하는 것이 도리라고 할 정도로 부모부양의 효는 논리적 타협의 의지 없이 절대적 맹종으로 탈바꿈될 우려도 있다.

이와 같이 효는 때로 부모에 한정되면 불의와 불법도 용납되고, 이것이 확대되면 혈연과 지연에 집착하여 부모에서 혈족 친지 지인의 허물과 죄까지 감싸며 감추어 주게 되는 정의 폐단으로까지 확대될 수도 있다.

반면 일찍이 겸애사상을 주장한 묵자는 효의 존비친소(尊卑親疎)적 사랑이 오히려 혈연끼리의 관계만을 지나치게 부각시켜 그 외의 사람들과는 서로 경시하며 분열과 갈등을 조장하여 세상이 혼란해졌다며 효를 사회 혼란의 원인으로 보기도 하였다. 또 노자 역시 효의 가치가 인위적인 인의(仁義)를 강조하여 자연스러운 상태가 없어져 혼란해지자 나타난 가치라고 비난했다. 이러한 사고의 연장선에서 근대 중국의 신문화 운동인 5·4운동 등에서는 효는 인간을 노예화하는 봉건도덕이라고 비판했다.

효의 개념이 확대된 충의 개념 역시 군주 개인에 대한 일방적인 절대 충성이 아니라 군주가 국가와 국민을 위하여 올바른 정치를 할 수 있도록 조언하고 간언해야 한다는 것이다.

충은 원래 "참마음으로 정성을 다한다."라는 의미로 잘못을 지적

해서 깨우쳐 주는 것으로 상대가 그릇된 길로 가고 있는데도 말하지 않고, 잘못되도록 내버려두는 것은 충이 아니다. '충'과 관련된 이러한 논의 역시 충의 개념에 대한 공자의 정명으로 임금이나 윗사람에게 무조건 따르는 것이 아니라 흠이 있으면 숨기지 않고 그 흠을 고치도록 일깨워주는 것이 충이라는 것이다.

즉 윗사람을 맹목적으로 추종하여 목숨을 걸고 나쁜 짓도 서슴없이 하는 것도 충이라고 하는데, 그때의 충은 자신의 행위로 말미암아 윗사람을 더욱 궁지에 빠뜨릴 것이기 때문에 부정명(不正名)인 불충이 된다. 그보다는 오히려 목숨을 걸고 간언하면서 옳지 못한 명령은 따르지 않는 것이 진정한 충으로 "군주를 속이지 말고, 잘못된 처사에 대들어라. (『논어』 子路篇)"라는 의 말도 군주를 섬기는 하나의 방법이라고 할 수 있다.

공자의 윤리는 이른바 내 처지를 생각해서 남의 입장을 헤아린다는 혈구지도(絜矩之道)이다. 이는 상대방에 대한 일방적인 복종과 의무만을 주장하는 것이 아니라 상호 의무를 중시하는 조화와 상호 구제에 있다.

윗물이 맑아야 아랫물도 맑다는 진리처럼 윗물인 군주의 역할이 어느 때 보다 돋보이는 요즘이다. 질서정연했던 촛불민심의 물결은 이미 순자가 주장했던 물은 배를 띄울 수도 있지만 그 배를 뒤엎기도 한다는 군주민수(君舟民水)를 대변하였다. 지금은 도리에 어긋나는 것을 맹목적으로 복종하게 하거나 일방적으로 순종하게 할 수 없는 시대이다. 상대에 대한 강요보다는 각자가 모범이 되어야 한다.

효는 먼저 가정에서 부모가 모범을 보이고, 동시에 학교에서 배려하고 봉사하는 교육이 이루어져 가정과 사회에서 자연스럽게 실천되어야 한다. 특히 소자화·고령화의 현대사회는 과거의 대가족에서 핵가족 혹은 독신세대로 구성원이 변했고, 가옥 구조도 단독주택에서 대부분 아파트로 변했다.

나아가 농업생산에서 산업사회로 변한 라이프 스타일이나 매일 산업현장의 치열한 경쟁에 시달리는 업무여건이 과거와는 판이하게 다르다. 따라서 효에 대한 우리의 인식도 과거의 장남, 내 부모라는 관념에서 벗어나 실사구시(實事求是)로 바뀌어야 할 것이며, 나아가 사회와 국가가 함께 돌보는 진정한 공동체 문화를 이룩해나가야 할 것이다.

10.「도(道)」

인간의 인간다운 도리의 기본

(1) '도(道)'란 어떤 것인가

일반적으로 도(道 path, tao)는 '길'이나 '인생 여로'라는 의미로 그 용도는 다양하다. 먼저 물리적인 길을 의미하는 것으로 ① 사람이나 자동차·선박 등이 왕래하는 정비된 도로·항로·통로로 "도로를 횡단하다. 돌아오는 길에 선물을 사다." 등이 있다.

또 ② 목적으로 하는 장소에 다다르는 도중, 목적지까지의 거리나 과정으로 "역으로 가는 길에 아는 사람을 만났다. 시내까지 약 2킬로미터의 길" 등이다. 다음으로 추상적인 길로서 ③ 목적이나 결과에 맞닥뜨리는 사물의 이치로 "합격에의 길. 세계 평화에의 길. 나의 길." 등을 말한다.

부연하자면 사람이 살아가는데 필요한 정신적인 삶의 길이자 도덕으로 사람답게 살기 위한 생활방식이나 인간의 도리를 따르는 기준과 원칙을 의미하는 "길을 잘못 들다. 사람의 '도(道)'에 반하다." 등이 있다. 이외에도 '~도'라는 이름으로 각 분야마다 지키고자 하는 기준과 정의가 있음을 표방하고 있다.

예를 들면, 검도(劍道)·유도(柔道)·궁도(弓道)·다도(茶道)·서도(書道) 등이 있다.[19] 이들에게 붙여진 '~도'의 의미를 간단하게 말하

19) 일본에서는 무도(武道)나 예도(芸道)에서 마음이 끊이지 않고 여운(餘韻)을 남긴다는 미학이나 禪과 관련된 개념으로 아름다운 마음이 계속 이어지는 것이 상대에게 비겁하거나 거만하지 않고 어떤 상대라도 존중하는 마음의 배려로 상대에게 배우는 초심으로 돌아가는 상호부조의 마음의 긴장인 잔심(殘心

면 좋아하는 일에 몰두하여 정신을 집중하는 것은 마음의 평안을 얻는 것으로 개인적으로 보자면 '도'의 하나에 속한다. 물론 여기서 의미하는 도에는 기준과 원칙을 지키는 정의의 개념이 담겨있다.

이를 확대하면, 학문 탐구에 몰두하며 창의적인 연구 결과물을 도출하는 것은 학자의 도(道)이고, 봄에 씨를 뿌리고 김을 매며 혹 가뭄이나 장마 태풍 등의 재해와 시련 속에서도 포기하지 않고 가꾸고 보살펴서 가을에 수확하는 것은 농부의 도이다.

또 자신의 작품 제작에 온 정성을 들여 혼백을 불어 넣어 최고의 작품을 완성하기 위해 일생현명(잇쇼캔메이, 一生懸命) 하는 것은 장인(匠人)이나 예술가의 도일 것이다. 그러므로 도는 좌고우면(左顧右眄)하지 않고 오로지 한 길을 향하는 특정분야의 전문적 길이나 진리 추구를 체현하는 정신수양의 명상이나 종교에 심취하는 경지로 유교·불교·도교 등의 진리 그 자체를 의미하기도 한다.

이러한 '도'는 우주의 시작과 끝인 보편적 도덕규범으로 철학·문학·사상·예술 방면에 지대한 영향을 미쳤다는 점에서 무엇인가를 행하는 진실성 있는 행동이다. 그러나 각자 자신의 입장만 고수하는 것이 아니라 타협과 화합상생의 중핵(中核)으로 인간사의 현상이 도에 걸 맞는가라는 가치 기준으로 연결된다.

도의 한국적 효시로 단군조선의 시조인 환웅(桓雄)의 개국이념

)이라는 "도(道)'의 미학이 있다.

인 홍익인간(弘益人間)의 '널리 모든 사람이 지켜야 할 도리'로서 화합과 번영의 이상적 실천덕목을 들 수 있다. 이념적으로 모든 생명이 존중되고 이익이 균등하게 분배될 때 사람들은 상경상애(相敬相愛)·상부상조(相扶相助)의 일체감을 가지고 사회에 공헌할 수 있다는 것이다.

따라서 홍익인간의 이념은 타율적인 인과률(因果律)에 의한 것이 아니라 내가 하고 싶지 않은 일을 남에게 시키지 않고, 내가 뜻을 이루고 싶을 때 남부터 뜻을 이루게 해주는, 남을 위해 헌신할 수 있는 숭고한 이념의 이타행(利他行)이며 상대주의적 인간관이다. 이 이념은 신화의 상징을 대변하는 민족정신의 구심점으로 한국적 道의 출발이자 도덕생활 규범의 근원으로 유교나 불교 등의 외래사상이 들어오기 전부터 우리 민족은 내세에 대한 소박한 관념을 품고 경천(敬天)과 조상숭배의 습속을 지니고 있었다.

이러한 道는 미래에 대한 기대와 현세의 유덕(有德)한 생활을 가능하게 하는 기본이 되고, 경천의 근원이 되어 악의 유혹을 물리치는 초월적 내재자(內在者)의 이념이 되기도 하였다.

단군신화에 나타나는 사람이 곧 하늘이라는 인내천(人乃天) 사상의 실증으로 한울님에 대한 외경(畏敬)은 곧 나 자신에 대한 믿음이며 동시에 모든 인간을 향한 끊임없는 자비의 실천이기도 하다. 한국의 하늘에 대한 관념은 바로 이 한울님과 그에 관한 道로서 나타난 것이다.

그 예로 지금은 전해지지 않고 있지만, 최치원(崔致遠, 857-?)의 유교·불교·도교에 관한 글을 새긴 「난랑비(鸞郎碑)」 서문의 "우리나라에 현묘한 도가 있으니(國有玄妙之道)"라고 시작한 화랑의 연원에 관한 주목할 만한 시사의 道도 유교와 불교·도교를 융합한 충효의 道를 근본으로 삼고 있었다.

이것은 인의(仁義)를 중시하는 유교의 영향이자 무위자연을 섭생(攝生)으로 삼은 도교의 영향이며, 중선봉행(衆善奉行) 제악막작(諸惡莫作) 즉 모든 선을 받들고 모든 악을 행하지 않는 일을 미덕으로 삼는 불교의 영향으로 원광법사(圓光法師, 555-638)의 세속오계(事君以忠, 事親以孝, 交友以信, 臨戰無退, 殺生有擇)도 같은 맥락의 道이다.

곧 유불도 3교 융합은 인간당위의 도(道)가 제시된 화랑도를 '도'로서 파악하는 화랑의 정신적 지주이자 사회통합의 윤리적 근거가 되기도 한 것으로 대자연 조화의 이법(理法)인 동양 권선서의 道이기도 하다. 이 유가(儒家)·불가(佛家)·도가(道家)의 동양 사상의 전통에서 道는 시대와 장소, 인물에 따라 각각 서로 다른 견해를 피력하고 있다.

(2) 유교의 도로서 인의예지신(仁義禮智信)

유교에서 도(道)는 도덕적 면이 강조된 생활규범이나 가치기준 등 '인의예지신(仁義禮智信)'이라는 윤리적 측면에서 논의되어 왔다. 그러므로 인간 내면에 잠재해 있는 내부의 도를 찾아 윤리덕목으로 삼는 것이 대우주의 조화인 천(天)의 도에 따르는 것으로 사람(人)의 도리라는 것이다. 공자는 천도에 대한 강력한 주장으로 인간의 도리(人道)는 천명(天命)에 따르는 것이며, 천도는 인도를 이끄는 진리라고 보았다.(『詩経』·『書経』)

인도에 관해서도 천지인(天地人)의 도를 추구하는 도의적 진리가 있고(『論語』 里仁), 그 인도를 다시 세분하여 왕의 길(王之道), 군자의 길(君子之道), 아버지의 길(父之道)로 나누어 설명하였다. 또 '도(道)'는 우리들의 일상에서 먼 것이 아니라 마치 매일 음식을 취하며 생명을 유지하는 것처럼 '도'를 떠나서는 살 수 없다는 입장이다.

도는 하늘로부터 주어진 것이라는 본체(本體)를 논하는 『중용』에서는 하늘이 명한 성(性)을 따르는 것을 도(天命之謂性, 率性之謂道, 修道之謂教.)라고 하였다. 그래서 사람이 마땅히 가야 할 길을 잠시라도 벗어나면 타고난 본성을 잃기 때문에 군자는 사람들이 듣는 가운데서 뿐만 아니라 듣지 못하는 가운데서도 도에서 벗어날까 근심하고 두려워하는 것(道也者, 不可須臾離也.可離, 非道也. 是故, 君子

戒愼乎其所不睹, 恐懼乎其所不聞.『中庸』)이라고 하였다.

왜냐하면 '도'란 누가 보거나 보지 않거나에 상관없이 실천해야 하는 것이므로 군자는 혼자 있을 때라도 도리에 어긋남이 없도록 언행을 삼가(愼獨)해야 하기 때문이다(莫見乎隱, 莫顯乎微, 故君子愼其獨也.『中庸』).

즉 '도'를 따라 사는 군자는 하찮은 일이라고 함부로 하지는 않았는지, 아니면 사욕에 어두워 스스로를 속이지 않았는지를 늘 점검하고 또 점검해야 한다. 그래서 군자는 늘 두려워 조심하며(戰戰兢兢), 살얼음판을 걷는 것처럼 신중(如履薄氷)할 수밖에 없다. 그리하여 정성은 하늘의 도이고, 정성스럽게 하는 것은 사람의 도이다.(誠者天之道也. 誠之者人之道也.『中庸』)라고 하고 거기에 근거하여 맹자도 동일한 언급을 하고 있다.(『孟子』「離婁上」)

그러므로 유교의 도(道)는 모든 인간본성을 뒷받침하는 근원으로 예(禮)·충(忠)·효(孝)·인(仁)·신(愼)·성(誠) 등의 덕목도 바로 '도'의 행동이자 실천방법이고 천명이나 선과 인의(仁義) 등의 덕목을 실천하는 길이 '도'의 실현이다. 나아가 수신제가치국평천하의 '도'도 동일한 의미로서, 모든 인간은 '도'를 회복함으로써 인생의 목적을 달성할 수 있다고 보았다.

그래서 공자는 "나는 태어날 때부터 '도'를 아는 자가 아니다. 옛것을 익히며 좋아하고 나태하지 않고 공부하고 간구하여 알게 되었다.(『論語』 里仁)"고 하며 평소에 정성을 다하는 노력을 통한 '도'의 올바른 길을 역설하였다.

(3) 불교의 도로서 본래면목(本來面目)

불교의 도(道)는 근본적인 원리 또는 이치이며 사람의 본성(本性)을 가리키는 말로 본래면목(本來面目)과 비슷한 의미이지만, 진리에 들어가는 길인 성도(聖道) 또는 괴로움을 소멸시키는 길인 도체(道諦)를 뜻한다.

즉 불교에서는 진리(Dharma) 그 자체를 도라고 보고 인간고(人間苦)를 소멸하는 길을 제시하였다. 즉 석가가 깨달음에 이르는 이치를 설명하였다. 현실의 양상인 인간고를 소멸을 위하여 그 방법론을 정리한 진리인 '고집멸도(苦集滅道)'의 사체(四諦)와 여덟 가지의 '도'를 종교적 행위이자 도덕적 실천의 의미로 제시하였다.

그 중 여덟 가지의 도인 팔정도(八正道)는 ① 올바른 생각인 정견(正見), ② 올바른 사유인 정사(正思), ③ 올바른 말인 정어(正語), ④ 올바른 업인 정업(正業), ⑤ 올바른 생활수단인 정명(正命), ⑥ 올바른 신념인 정념(正念), ⑦ 올바른 노력인 정정진(正精進), ⑧ 올바른 마음가짐이다.

이 여덟 가지의 올바른 당위가 포함된 '도'에 의해서 인간은 열반이라는 이상적 경지를 체득할 수 있다고 보고, 여덟 가지를 요약해서 ① 윤리적 생활태도로 살아있는 목숨을 죽이거나 도둑질·이성관계·거짓말·음주 등의 다섯 가지 나쁜 일을 범하지 않으려는 의지인 '계(戒)'와 ② 산란한 마음을 가라앉히고 자신의 내면을 응시하는 수

련방법으로 외부지향적인 번뇌의 고삐를 잡아 궁극적 자아의 실현을 도모하는 공부방법인 '정(定)'과 ③ 구체적으로 반약지(般若智)를 가리키는 말로 사물의 현상 속에 감추어진 진실 세계와 인생의 실상을 바로 보는 안목인 '혜(慧)'로 나누었다.

초기불교에서 가장 근원적인 실천수행의 방편이었던 이것을 근본불교에서는 ① 계학(戒學), ② 정학(定學), ③ 혜학(慧學)의 삼학(三學)이라고 하였다. 이것은 인간고를 내면적인 원인으로 파악하여 탐하고(貪), 진노하고(瞋), 어리석음(癡)의 세 가지 번뇌가 중생을 해롭게 하는 것이 마치 독약과 같다고 하여 삼독(三毒)이라고 부른다. 석가모니는 이 삼독의 소멸은 계(戒)·정(定)·혜(慧)인 삼학(三學)의 수행으로서만 가능하다고 하였다. 이 삼학의 수련이야말로 삼독을 파기하고 열반의 궁극적 경지를 얻게 하는 첩경이라 하였으므로 불교에서의 '도'는 진리 그 자체라는 뜻과 함께 도덕적 행위규범으로 인생의 당위이자 수행의 핵심적 덕목이다.

그러므로 불가에서 말하는 '도(道)'는 먼저 ① 산스크리트어(梵語)에서 말가(末伽)라 하여 정도(正道)·사도(邪道) 등의 결과에 도달하는 통로란 뜻인 통입(通入)이 있다. 다음으로 ② 업의 결과(業因)에 따라 지옥도(地獄道)·아귀도(餓鬼道)·축생도(畜生道)·수라도(修羅道)·인간도(人間道)·천도(天道) 등의 다른 과보를 받아서 차례로 지나가면서 혹(惑)·업(業)·고(苦)의 3道도 인과가 상속되어 끊이지 않고 돈다는 윤전(輪轉)이 있다. 마지막으로 ③ 인도(人道)·불도(佛道) 등의 도는 궤로(軌路)로 곧 밟고 다니는 길이란 뜻이 된다.

(4) 도교의 도로서 무위자연(無爲自然)

도교는 신선사상을 근본으로 음양(陰陽)·오행(五行)·복서(卜筮)·무축(巫祝)·참위(讖緯) 등을 더해 도가철학을 도입하였다. 이 세 가지 '도'의 모습인 옥청(玉淸 元始天尊)·상청(上淸 靈寶天尊)·태청(太淸 道德天尊)의 삼청(三淸)을 최고신으로 하는 다신교이다.

도가의 도는 신격화되어서 최고신인 원시천존(元始天尊)으로 인간의 지각(知覺)을 초월한 영묘한 것이고, 그 존재 형태는 일체의 인위를 피하려고 하는 무위자연(無爲自然)으로 인간도 인위적인 행위를 하지 않고 사람의 지혜나 지식의 소산인 제도·규범·생사 등을 초월하여 마음의 평안을 유지하는 것이 대우주의 조화에 이르는 길이라고 하였다.

세계의 진리와 현상인 도의 발현 의의를 B.C. 6세기경의 노자를 개조로 선도(仙道)와 속세 신앙과 불교철학 등을 모방하여 만든 종교로 인륜의 입장을 버리고, 현상의 밑바닥에 잠재되어 있는 자연의 도와 합일하는 것을 이상으로 하였다. 비록 노자와 장자에서 비롯되어 그 존재가 유약하였지만, 수나라와 당나라 때는 큰 세력을 얻어 유교·불교 등과 함께 동양의 정신적 지주로 등장한 후 송나라 때 노장철학 위에 신선사상과 통속적 민간신앙까지 첨가시켜 종교의 '도'로서 활약하였다.

도교에서의 이 '도'는 유신론적인 종교사상에 기반을 두고 우주와 만유일체의 근원이며, 피상적인 언설(言說)이나 사유의 대상이 아니라는 의미에서 '도'는 '무(無)'이다. 그러나 끊임없이 '유(有)'를 창조하기 때문에 '도'는 하나를 생성하고, 그 하나에서 다시 둘이 생기고, 둘은 셋을 만들어 이 셋에서부터 만물이 생성된다고 하였다.

인간은 원래 '도'에서 비롯된 존재로 무위청정(無爲淸淨)한 삶을 영위함으로써 '도'에 귀일(歸一)할 수 있고, 그렇게 될 때 천지와 더불어 장생할 수 있게 된다고 하였다. 이 도교의 '도'는 가장 이상적인 삶이며, 인위적 가치덕목이 없는 만유의 근원인 '도'를 회복하는 삶을 사는 수도자들을 도사(道士)라고 부르며, '도'를 얻기 위한 비술(祕術)을 신선술(神仙術)이라고 불렀다.

또 노장사상에서는 종교의 의미가 강하게 부각되어, 우주만유의 본체이면서 형태를 지을 수 없는 형이상학적인 실재(實在)임을 주창하였다. 즉 도교에서는 인생의 모든 행위와 자연계의 섭리는 모두 '도'이므로 인간은 얼마나 그 도에 따라 행동하는 가로 됨됨이를 따져야 한다는 입장이다.

(5) 『명심보감』이 전하는 도로서 본립도생(本立道生)

『명심보감』은 유교·불교·도교에서 각각 공통되는 사상을 발췌하여 선행의 진리와 인간의 인간다움을 찾으려고 하였다. 동양문화는 '도'를 시발과 종착의 기본으로 삼으며 인위적인 기교보다 자연 섭리에 따르는 '무위자연'적인 삶을 존중하며 그와 같은 삶의 여로를 통한 진리와 지혜를 깨달아 얻는 것이 값진 일이라고 하였다.

즉 동양의 유불도는 각각 다른 입장을 표방하면서도 실제로는 서로 혼융(混融)되어 모든 인간에게 적용될 수 있는 보편타당한 가치를 추구하였다. 따라서 인간이라면 누구나 마땅히 이 길을 걸어가도록 했다. 그러므로 '도'에는 '간다'·'행한다' 라는 보편적 의미가 내포되었다.

이러한 면에서 삼교융합의 특성을 지니는데, 유가(儒家)의 도는 규범·인륜 등의 뜻으로 '선한 본성'이며, 도가의 도는 '무위자연'으로 우주만물의 근원인 절대성을 지닌 개념이며, 불교의 도는 진리자체이자 행위 규범으로 인생 수행의 주요 덕목의 올바른 삶의 길로서 제시되었다.

『명심보감』은 이러한 사상의 공통분모를 수용하여 도가 높으면 용이나 호랑이도 복종한다(道高龍虎服)는 논리로 위정자로부터 민중들의 교화에 이바지하고자 했다. 즉 유불도 모두의 '도'를 취한 『명심보감』에서 말하고자 하는 도는 이미 『논어』에서 말한바 있는 '근본이 바로서야 도가 생겨난다(本立道生)'는 것이다.

이 근본은 무엇보다 물이 위에서 아래로 흐르는 자연의 이치처럼 윗물이 맑으면 아랫물은 자연스럽게 맑게 되므로 위정자들이 먼저 실천해야한다. 그렇게 하면 설령 아랫물이 흐리더라도 위에서 맑은 물이 흐르면 아랫물도 맑게 된다.

그런데 지금 우리 사회는 윗물이 맑기는커녕 흐리다 못해 고여서 썩은 악취가 진동하고 있다. 그래서 아랫물이 윗물을 정화시켜야 한다고 외치지만 요지부동이다. 나아가 여기에 폭군인 걸왕(桀王)의 개가 성군인 요(堯)임금을 향하여 짖는다는 걸견폐요(桀犬吠堯)의 현상까지 일어나고 있다. 즉 『사기열전(史記列傳)』「회음후편(淮陰侯篇)」에 나오는 중국 하(夏)나라의 폭군이자 마지막 왕인 걸왕(桀王)의 개는 자기 주인이 포학한 군주일지라도 오직 걸왕 만을 주인으로 섬겼기 때문에 어진 요임금을 보고도 짖는다는 것이다.

우리사회의 일부 위정자들도 선악을 가리지 못하고 사리사욕에 심취되어 자기 주인에게만 충성하는 왜곡된 현상을 보이고 있다. 최근 최순실 사태에서 보듯이 도덕과 양심에 따라 정직과 정의의 선봉에 서야 할 법조인 출신은 물론 대학교수 출신의 지식인도 입신양명의 사욕을 쫓아 오히려 그 주구(走狗) 역할을 마다하지 않았다.

이처럼 지금 사회는 '도'가 왜곡되고 사라진 사회, 아니 '도'를 왜곡하고도 부끄러움을 모르는 전근대적인 권력 맹종적 구조 속에서 정치·문화·교육 등 사회의 일부 영역에서 법과 원칙을 무시하는 적폐

(積弊)의 퇴행적 부정부패와 반칙이 만연되어 있다. 사회 곳곳에 도사리고 있는 비도(非道)가 쇄신(刷新)되어 원칙과 공정·정의와 인정이 넘치는 대동사회가 되기를 염원한다.

11. 「인(仁)」

우리시대의 숨어버린 인을 찾아서

(1) '인(仁)'이란 무엇인가

최초의 문자학 사전이라고 말할 수 있는 『설문해자(說文解字)』「인부(人部)」에 '인'(仁)은 인(人)과 이(二)의 두 글자를 합해서 친근함을 의미한다고 하였다. 이에 청(淸)의 단옥재(段玉裁)는 그 주(注)에서 "사람이 둘 이상 모여 친하게 지낸다는 뜻에서 인(人)자와 이(二)자를 합친 것이다"라고 했다.

즉 인(仁)은 의(義)와 합하여 인의(仁義)[20]로 고대에서 현대까지 동양의 중요한 덕목 중 하나이다. 이 인(仁)자는 갑골문자(甲骨文字)에도 있고, 기원전 743년 작품으로 추정되는 『시경(詩經)』에도 나온다.

> 숙이 사냥을 가시고 나면 거리에 사람이 없는 것 같아, 어찌 사람이 없을까마는, 그이와 같은 이 어디 계시리. 참으로 아름답고 또한 인자하신 분이로다.
>
> (叔于田 巷無居人, 豈無居人, 不如叔也. 洵美且仁.「鄭風 叔于田」)

> 사냥개의 방울이 달랑달랑하니, 그 사람이 아름답고 또한 어질도다.
>
> (盧令令, 其人美且仁.「齊風 盧令」)

---

20) 인(仁)은 불교의 근원사상인 자비와도 통하는 말로 '인' 자체에 치우치면 심약(心弱)한 마음으로 오인되기 쉬우므로 맹자는 우유부단으로 흐르는 마음을 제어 하는 '의(義)'를 추가하여 '인(仁)"은 마음의 '덕(德)'이자 사랑의 이치이고(仁者心之德 愛之理), '의'는 마음을 제어하는 일을 하는 것(義者心之制 事之宜也)이라는 인의(仁義)를 주장하였다.

이 시에 나오는 인(仁)은 사람의 외적 특성에 의해 풍기는 매력과 관련한 남자답다·남성미라는 의미로 사용되었다. 반면 『시경(詩經)』·『서경(書經)』에서는 세상을 다스리거나 구할 만한 지위에 있는 사람이 장식·능력·지도력 등에서 주위 사람들의 호의를 끌어내는 힘의 의미로 사용되고 있다.

예를 들면, 『상서시경(尙書詩經)』「금등(金滕)」에서 "나는 어질고 효성이 지극하고, 재능과 예능이 많아서 귀신을 섬길 수 있다.(予仁若孝, 能多材多藝, 能事鬼神)"라는 재능과 미덕을 가리키는 개념이다. 또 『주역(周易)』 64괘를 다시 10가지로 설명한 「십익(十翼)」에도 언급되어있고, 『주례(周禮)』「대사도(大司徒)」에서는 육덕(六德)으로 지인성의충화(智仁聖義忠和)를 열거했다.

공자의 중심 사상인 '인'은 유교의 최고 덕목으로 인간 본심에서 우러나오는 타자에 대한 관심과 배려의 의미가 내포된 '어질다. 상냥하다'라는 뜻이다. 나아가 '인'은 선행의 근원이 되는 행실로 인간관계의 기본이 되는 '인정이 많다', '친하다' 등과 같이 더불어 살아가는 실천윤리이기도 하다.

이 '인'은 ① 타인을 배려하고 정을 베푸는 의미에서, "인애(仁愛)·인덕(仁德)·인의(仁義)·인자(仁慈)·인술(仁術)·인도(仁道)" 등이 있다. 또 ② 타인을 존경하는 의미에서, "어인(御仁)·인은(仁恩)·인혜(仁惠)·인후(仁厚)·인효(仁孝)·인자(仁者)·인휼(仁恤)·인서(仁恕)·인심(仁心)·인평(仁平)·인화(仁和)·인정(仁政)·인풍(仁風)·인치(仁治)" 등도 있다.

(2) 인의 다양한 모습

공자 어록인 『논어』에는 '인(仁)' 개념에 대한 명확한 규정 없이 제자들의 질문에 공경·관대·소박·용기·효성 등, 각 인물에 맞는 '인'으로 대답했다. 그 때문에 춘추시대에는 '인'의 의미가 확대되어 '인품이 좋다', '인격이 높다' 등 전인적(全人的) 인간을 상징하기도 했다.

후세 학자들은 '인(仁)'사상을 전덕(全德)이나 달덕(達德)으로 간주하며 그 이해로 "효(孝)·제(悌)·예(禮)·충(忠)·서(恕)·경(恭)·공(恭)·관(寬)·신(信)·민(敏)·혜(惠)·온량(溫良)·애인(愛人)" 등의 다양한 용어로 표현하였다. 유가(儒家) 입장에서는 중선(衆善)의 근원으로 인간에게 가장 보편적이고 포괄적인 효(孝)·제(悌)·충(忠)도 '인(仁)' 부류의 하나로 여겼다. 이 '인'을 구성하는 여러 덕목 중 핵심은 역시 사랑이다.

그 사랑이 부모에게 미치면 효가 되고, 자녀에게 이르면 사랑인 자(慈)가 되고, 형제에게 미치면 우애의 우(友)가 되며, 남의 부모에게 미치면 공손인 제(悌)가 되고, 남의 자녀에 이르면 너그러움인 관(寬)이 되고, 나라에 미치면 정성을 다하는 진실한 마음인 충(忠)이 되고 나아가 백성에까지 이르면 사랑인 혜(惠)가 된다는 것이다. 즉 효우제충(孝友悌忠)과 자관혜(慈寬惠)를 성실하게 실천하는 '인(仁)'은 박애(博愛)로 연결되므로 인의 개념이 심화되어 군자의 최고 덕목(君子去仁, 惡乎成名.『論語』「里仁」)이 되었다.

공자는 말년의 제자인 번지(樊遲)에게 '인'이란 "사람을 사랑하는 것(愛人.「顏淵」)"이라고 간단명료하게 답하고, 다른 날에는 "거처함에 공손하며 일을 함에 공경하고, 남에게 충실해야 한다(居處恭, 執事敬, 與人忠. 雖之夷狄, 不可棄也.「子路」)"라고 하였다.

또 "어려움에는 남을 앞서고 이득은 뒤로 하면 인이라 할 수 있다(仁者先難而後獲, 可謂仁矣.「雍也」)"라고도 했다. 안연(顏淵)에게는 "사욕(私慾)을 버리고 예(禮)로 돌아가는 것(顏淵問仁. 子曰 克己復禮爲仁.「顏淵」)"이라고 했고, 자장(子張)에게는 "공손하고 너그럽고 미덥고 민첩하고 지혜로움(恭寬信敏惠.「陽貨」)"이라고 했다.

즉, 제자와 문답형식으로 그 사람의 능력과 자질·인품과 성향·때와 장소에 따라 ·공손·신실(信實)·민첩·자애·지혜·충서(忠恕)·정직 등으로 설명하고 실천할 것을 권한 것으로 요즘 말로 하면 상대방의 눈높이에 맞추어 핵심개념을 파악할 수 있도록 하였다.

공자에게 인이란 유동적인 삶의 현실 속에서 끊임없이 느껴질 수 있는 것이다.

문을 나서면 큰 손님을 대하듯 사람들을 대하고, 백성을 부림에는 제사 모시듯 하고, 내가 하고 싶지 않은 일을 남에게 시키지 않는 것
(仲弓問仁, 子曰, 出門如見大賓, 使民如承大祭, 己所不欲, 勿施於人.「顏淵」),

일을 처리함에는 공경스럽고 사람들과 어울릴 적에는 충실한 것
(執事敬 與人忠),

어진사람은 자기가 서고자 할 때에 남부터 세워주고 자기가 이루고자 할 때 남부터 이루게 하는 것

(夫仁者, 己欲立而立人, 己欲達而達人.「雍也」).

이것이 모두 공자가 말하는 '인(仁)'의 모습으로 다른 사람의 입장(易地思之, 推己及人)에서 배려하고 이해하며 보살피는 공평한 사랑으로 자아를 실현할 수 있다는 것이다.

이와 관련한 것으로 한 가정이 '인(仁)'하면 나라가 흥인(興仁)하고, 윗사람이 인을 좋아하는데 아랫사람이 '의(義)'를 좋아하지 않는 일이 없으며(『大學』), 어질면서 부모를 버리는 일은 없고 의로우면서 임금을 버리는 일은 없다(『孟子』). 어짐은 마음의 덕이요, 가정의 보배요, 위정의 근본이요, 만물과 일체이므로 배우는 이는 먼저 '어짐'을 알아야 한다(『論語』)라고 하였다.

우리나라에서도 공자와 같이 '인'의 실천을 강조한 퇴계의 『성학십도(聖學十圖)』「서명도(西銘圖)」의 '인'은 부모를 비롯하여 이웃과 천지만물에 대한 보편적 사랑으로 이어지는 것으로 생각했다. 퇴계에 앞서 이언적(李彦迪, 1491-1553)도 「성경현전(聖經賢傳)」에 기록된 천언만어(千言萬語)가 오직 인을 구하는 데 있다면서, 『구인록(求仁錄)』을 편찬하여 배우는 자의 길잡이가 되게 하였다. 또한 거실을 '구인당(求仁堂)'이라 이름 짓고 인을 실천하는 데에 평생을 바쳤다.

(3) 『명심보감』이 요구하는 실천적 인

『명심보감』은 유불선의 다양한 사상에서 민중들이 실천할 수 있는 내용들을 가려 뽑아 정리한 것으로 선악 등의 도식적 개념을 내세워 실천을 강력히 요구한다. 따라서 이 책에서는 인을 베풀었을 때 심신이 편안하고 자손들의 영화와 집안의 창성으로 연결되지만, 실천하지 못하면 모든 죄악의 근원이 된다는 것을 암시하고 있다. 다음에서 인의 실천이 가져다준다는 이로운 점에 대해 몇 가지 예문을 살펴보기로 하자.

> 「진종황제어제」에 위태로움을 알고 험한 것을 알면 마침내 그물에 걸리는 일이 없을 것이요, 선한 사람을 들어 쓰고 어진 사람을 천거하면 몸을 편안히 하는 길이 저절로 있다. 인(仁)을 베풀고 덕(德)을 폄은 곧 대대로 영화롭고 창성할 것이다.
>
> (眞宗皇帝御製曰, 知危識險, 終無羅網之門. 擧善薦賢, 自有安身之路, 施仁布德, 乃世代之榮昌.「省心篇」152條)

> 「고종황제어제」에 한 점 작은 불티도 능히 만경(萬頃)의 섶을 태우고, 한 마디 그릇된 말도 평생의 덕을 그르치고 훼손한다. 몸에 한 오라기의 실을 걸쳐도 항상 베 짜는 여자의 수고를 생각하고, 하루 세 끼니의 밥을 먹어도 농부의 노고를 생각하라. 구차하게 탐내고 시기해서 남에게 손해를 끼친다면 마침내 10년의 편안함도 없을 것이

요, 선(善)을 쌓고 인(仁)을 보존하면 반드시 후손들에게 영화가 있으리라.

(高宗皇帝御製曰, 一星之火, 能燒萬頃之薪, 半句非言, 誤損平生之德. 身被一縷, 常思織女之勞, 日食三, 每念農夫之苦. 苟貪妬損, 終無十載安康. 積善存仁, 必有榮華後裔.「省心篇」155條)

「자허원군 성유심문」에 복은 청렴과 검소함에서 생기고, 덕은 자신을 낮추고 물러서는 데서 생기며, 도는 안정에서 생기고, 생명은 화창함에서 생긴다. 근심은 욕심이 많음에서 생기고, 재앙은 탐욕이 많은 데서 생기며, 과실은 경솔하고 교만한 데서 생기고, 죄악은 어질지 못한 데서 생긴다.

(紫虛元君誠諭心文曰, 福生於淸儉, 德生於卑退, 道生於安靜, 命生於和暢, 患生於多慾, 禍生於多貪, 過生於輕慢, 罪生於不仁.「正己篇」116條)

『명심보감』에서 말하고자 하는 것은, 세상을 살아가는데 위태로운 일을 감지하여 조신하며 선하고 어진 사람을 천거하면 심신이 평안하고, 인을 베풀고 덕을 펴면 대대로 창성한다는 것이다. 작은 불씨가 큰 불을 일으키고, 한 마디 그릇된 말이 평생 덕을 훼손시키므로 말조심을 하는 것도 인의 실천이다.

공자는 일찍이 "공교한 말이나 좋은 낯을 꾸미는 자는 인이 적다(子曰, 巧言令色, 鮮矣仁.『論語』「學而」)", "말이 무거운 자는 인에 가깝다(子曰, 剛毅木訥, 近矣仁.「子路」)"라고 말했다.

『명심보감』에서는 또한 수고하는 자들을 배려하며 구차하게 탐내고 시기해서 남을 손해 끼치는 일을 하지 않고 선을 쌓고 '인(仁)'을 보존하면 자손들에게 영화가 있다고 하였다. 복은 청렴 검소, 덕은 겸손, 도는 안정, 생명은 화창, 근심은 욕심, 재앙은 탐욕, 과오는 경솔과 교만, 죄악은 어질지 못한데서 생기므로 어질면 복덕(福德)의 도로 생명을 연장하며 근심과 과오, 경솔과 교만의 죄악에서 벗어날 수 있다는 것이다.

(4) 인이 숨어버린 시대

공자가 가장 강조한 덕목인 어짐은 인간답게 사는 데 필요한 도덕적 품성과 덕성을 갖춘 것으로 '어느 한 쪽만을 사랑하거나 미워하지 않는 편벽됨이 없고, 인정이 많은 박애적 차원의 친절함을 의미한다(不受偏愛偏惡曰仁.「里仁」).

그러므로 '인(仁)'을 때와 장소, 그 사람의 능력에 따라 예(禮)로서 성격이 과격한 사람은 참고 인내하는 품성을 키워야 하며, 소심한 사람은 적극적으로 행동하여야 했다. 이 '인(仁)'사상은 춘추시대에는 의미가 더 넓어져 전인성(全人性)을 나타내는 군자의 최고 덕목이 되었다. 중국의 공자이후 증자·자사·맹자에 이어, 한대(漢대)의 동중서(董仲舒), 당대의 한유(韓愈), 북송의 정명도(程明道 程顥), 남송의 주자에 의해 성리학으로 집대성된 후, 조선의 회재 이언적, 퇴계 이황 등을 통한 조선 성리학의 기본 이념이기도 하였다.

특별한 '인(仁)'의 실천 일화로, 옛날에 새끼를 잃고 슬픔에 빠진 암사슴이 숲 속에서 길 잃은 새끼늑대에게 젖을 먹이자 때마침 지나가던 승려가 크게 놀라며 다음과 같은 말을 했다.

아니, 넌 지금 누구에게 젖을 먹이고 있느냐? 새끼늑대가 자라 나중에 너를 해칠 것이다."라고 하자 암사슴은 "그럴지도 모르지만, 그런 일은 생각하지 않고 어미로서 도리를 하고 있을 뿐입니다.

이 암사슴의 행위가 바로 맹자가 말한 측은지심(惻隱之心)의 발로이다. 물론 암사슴은 인간이 아니며 『맹자』를 배운 적도 없다. 이 이야기는 인간을 깨우치기 위해 만든 것에 불과하지만, 동물행동학의 많은 연구 사례들로 미루어볼 때, 암사슴과 새끼늑대 일화는 현실 가능한 이야기이다.

나아가 맹자가 말한 측은지심이란, 지금 어떤 어린아이가 우물에 빠지려고 할 때, 그것을 본 사람은 누구나 무의식적으로 놀라며 그 아이를 구하게 되는 데 이것이 측은지심의 발로라는 것이다. 이는 그 아이의 부모와 친분을 맺기 위해서도 아니고, 동네 사람들과 벗들에게 칭찬을 받기 위해서도 아니다. 단지 인간된 도리로 저절로 솟구치는 '인'의 단서인 측은지심의 발로로 맹자는 측은지심이 없는 자는 사람이 아니라고 했다.

이 측은지심의 어짐을 실천한 우리 지역출신, 의인 이수현이라는 청년은 2001년 1월 26일 일본 도쿄 신오쿠보역 승강장에서 선로로 떨어진 사람을 구하려고 뛰어들었다가 희생되었다. 전차가 들어오는 상황에서 사람이 선로에 떨어졌으니 앞뒤 생각할 겨를 없이 취한 그의 행동 역시 맹자가 말한 측은지심의 발로이다.

이러한 행동이 누구에게나 가능한 일은 아니다. 암사슴이나 이수현군이 보여준 어짐은 목숨을 건 행위이지만, 그러나 인의 실천이 모두 목숨을 담보로 하는 것은 아니다. 위에서 언급한 공자나 『명심보감』이 요구하는 남을 배려하는 인의 실천은 멀리 있는 것이 아니라 소박하고 오히려 자신 가까이에서 편안함과 안락함을 준다. 그럼에도 우리는 이를 어렵게 여기는 것은 무엇 때문일까?

과학이 발달하고 물질적 삶이 풍족해진 현대는 '인(仁)'을 실천하는 사람도 더 많아져야 하는데 현실은 그렇지 않다. 그 이유는 과학이 발달한 만큼 인간의 욕망도 함께 자랐기 때문이다. 또한 진정으로 신을 경외하는 것이 아니라 말 그대로 생활방편의 이기적인 종교인이 너무 많기 때문이기도 하다.

그들은 입으로는 신에 대한 경외를 외치지만 행동은 신의 뜻과는 달리하며 자신의 행동에 대한 책임을 주위로 전가시키는 경우가 많다. 그러므로 우리 스스로 지나친 경쟁과 이기적 욕망을 불러와 사람들은 폭력적이며 호시탐탐 남을 비방하며 속이는 경우가 많아졌다. 이러한 세태를 두고 이시대의 성자(聖者)로 불리는 달라이 라마는 2016년 방한추진위 접견에서 이렇게 말했다.

> 사랑·자비·연민이 새 세상을 열 것이다. (중략) 지구상의 물질적 수준은 천문학적으로 발전했으나 여전히 폭력이 횡행하고 생명을 가볍게 여기는 모습은 바뀌지 않았다. (중략) 각각 법을 앞세워 종교 간에 싸움만 벌일 것이 아니라 종교간 공존과 평화를 위해 자신

이 믿는 종교의 신심을 근거로 다른 종교를 차별해선 안 된다.

달라이 라마의 이 말을 한 마디로 요약하면 바로 '인(仁)'이 될 것이다.

이 시대의 지성인이자 국가의 미래를 리드할 지식인들의 비리와 부조리는 뉴스의 일면을 장식한지 오래다. 이와 함께 지금 우리는 물질적 풍유 속에 정신적 빈곤으로 고통 받고 있다. '인'은 이런 혼란한 사회를 피해 어디론가 숨어버리고, 어그러진 인(仁)만이 횡행하고 있다. 만약 이런 상황이 계속된다면 우리의 삶은 그야말로 가뭄으로 말라버린 논바닥처럼 갈라져 메울 길이 없게 될 것이다.

그러므로 지금 우리 모두는 '인'을 생각하고 각자의 마음 속 깊은 곳에 숨어버린 인을 찾아내어야 한다. 전쟁과 엄격한 법령의 정치적 횡포 속에서 생존을 위한 이기와 교활함이 판을 치던 춘추전국시대에도 자신의 마음을 잃지 않고 타인을 배려하고 아끼는 마음인 어짐만이 세상을 구원할 수 있다고 외쳤던 공자의 주장을 되새겨 볼 필요가 있다. 법 앞에 평등하다는 말이 공염불이 되지 않을 때, 위정자가 권력을 부리지 않고 국민을 섬기며 측은지심으로 어려운 서민을 보살필 때, 더불어 사는 인정이 넘치는 사회가 될 것이다.

결국 사회 구성원 각자가 타인을 포함한 천지자연을 배려하는 마음을 늘리는 것이 수많은 문제를 해결하는 숨어버린 '인(仁)'을 찾아내는 열쇠가 될 것으로 생각한다.

12. 「의(義)」

우리에게 의란 무엇인가

(1) '의(義)'란 무엇인가

'의(義, rectitude, righteousness)'는 유교의 오상(五常)인 인의예지신(仁義禮智信) 중의 하나이면서 유교 윤리의 핵심덕목 중의 하나로 행실의 올바름이나 도덕적으로 올바르고 참됨이다. 또 의는 공정·경건하고 옳고 그름이 분명하며 심지(心地)가 올곧아 불의와 타협하지 않고, 사사로운 정(情)이나 이해관계에 흔들리지 않는 긍정적인 이미지가 강한 개념으로 국가나 집단 구성원의 공통 규범에 합치하기도 한다. 그래서 '의'는 지조가 있고, 정의로운 행동으로 인간이 마땅히 지켜야할 도리가 된다.

그 외에 의와 관련된 다양한 사전적 의미로는 ① 어떠한 말과 행위의 중요성이나 가치가 있다는 뜻을 가진 "오의(奧義)·의의(意義)·교의(敎義)·원의(原義)·어의(語義)·광의(廣義)" 등을 비롯하여 인간이 답습해야 할 사회 윤리적 차원의 덕목으로 올바른 사리라는 의미를 가진 "의무(義務)·의리(義理)·신의(信義)·정의(正義)·도의(道義)" 등이 있다.

또 ② 고유가 아닌 인위적으로 만들었다는 의미를 가진 "의족(義足)·의수(義手)·의안(義眼)·의치(義齒)"가 있다. 그 밖에 ③ 본질이 아닌 어떠한 관계를 대신한다는 의미로 혈연관계로 이어지지 않은 친족관계를 형성하고 그 관계를 유지하려고 하는 "의부(義父)·의형제·의자매" 등으로도 사용된다. 예를 들면 우리에게 익숙한 『삼국지』의 주요인물인 유비와 관우·장비가 복숭아밭에서 의형제를 맹세했다는 데서 유래한 도원결의(桃園結義)가 있다.

나아가 ④ 시대가 흐르면서 다른 사람과 공동으로 행하는 제3자를 위한 사업이나 사욕을 버리고 공익을 위해 행하는 "의사(義舍)·의학(義學)·의숙(義塾)·의창(義倉)·의연금(義捐金)·의전(義田)" 등을 가리키는 의미로도 사용한다.

이와 같이 의(義)는 다양한 의미를 가지고 있는데, 그러나 원래 이 '의(義)'라는 글자는 '양(羊)'과 병기 모양의 '아(我)'로 이루어진 상형문자로 양과 같은 고기를 써는 행위나 '사물을 잘게 자르고 나누는 것' 혹은 '세세히 잘라서 고르고 질서 있게 하는 것'을 의미한다.(수렵사회의 사냥이나 농경사회의 공동수확의 분배 등)

서양에서도 의(義)의 기본개념은 '각자에게 몫을 나누어주는 것'으로 아리스토텔레스의 의(義, Justice)는 그리스에서 온 말로 동등하게 둘로 나눈다(diche)는 의미에서 유래하였다고 한다. 따라서 의는 공정한 원칙에 따라 사회 구성원의 의무와 권리를 분배하여 질서를 확립한다는 의미가 있다. 사회제도의 변화에 따라 서양에서는 이러한 의에 대한 논의가 경제와 법률과 관련된 자유와 평등에 맞추어 생산수단의 소유 및 부의 분배로 경제 정의나 분배정의·사법정의와 관련시켜 논의되었다.

특히 이러한 서양 근현대사회가 주장한 분배정의는 공자를 비롯한 동양의 사상가들이 지향한 올바른 사회정의의 핵심으로 강조하는 분배정의와 상통하는 요소가 있다. 따라서 이와 관련하여 일찍이 공자는 군자는 이익을 보면 의로움(義)을 먼저 생각해야 하기 때문에 모름지기 이익에는 '의'의 합당여부를 확인하고 무엇을 얻으려고 할 때는 의에 맞도록 취사선택하여야 한다고 하였다.

이는 의를 가치기준으로 삼기 때문에 부당한 이익을 혼자 취하지 않을 뿐만 아니라 공정하게 이익을 분배하며 소통하는 정의로운 사회에 믿음을 준다는 것이다.

『공자가어』에서는 "종묘(宗廟)에 사용하는 그릇이나 명분이라고 하는 것은 남에게 빌려줄 수가 없는 것이지만, 그 제기(祭器)로써 예를 저장하며, 그 예로 의를 행하고, 이익을 생산하며, 그 이익으로 백성을 공평하게 하는 것이니, 이것이 정치의 큰 절조이다(器以藏禮, 禮以行義, 義以生利, 利以平民, 政之大節也)."라고 하였다. 이 말 것처럼 분배의 의는 예나 지금이나 실질적 측면에서 의와 관련된 핵심적인 부분으로 분배가 잘 실현된 사회는 그렇지 않은 사회보다 의와 예가 잘 유지된다.

그 하나의 예로 정직한 사람은 도리에 따라 실천하고 이치에 맞게 말하여 공평무사하며, 편안하다고 방종하지 않으며, 위태롭다고 행동을 바꾸지 않는다(正直者, 順道而行, 順理而言, 公平無私, 不爲安肆志, 不爲危激.「韓詩外傳」卷7)고 하였다.

유교의 이념에 포함된 분배정의의 내용은 오늘날에도 가장 큰 사회적 비중을 차지하는 경제와 관련하여 분배라는 차원에서 복지문제도 포함되어 있다. 즉 유교는 의를 가치기준으로 삼기 때문에 부당한 이익을 취하지 않을 뿐만 아니라 사양의 미덕을 기준으로 공정하게 이익을 분배하므로 정의로운 사회에 믿음을 주게 된다.

(2) 유교에서 의(義)와 이(利)의 관계

유교에서 의는 인의(仁義)나 예의(禮義)로 사용하는 대타적(對他的) 모범이 되는 행위로 사람의 입장과 지위에 따라 달리하는 용모나 행동방식(儀)이 마땅한 것(宜)을 뜻하는 것으로 당위 규범에 맞을 때 의는 선과 같은 뜻으로도 쓰인다.

이러한 의의 의미는, 『중용』에서는 '의란 마땅함(宜)이다.'라고 하는 적의(適宜)이다. 어진사람을 존경하는 것이 중요하다는 말은 전통적인 정의(定義)로 어떤 일의 타당성을 의미한다. 춘추시대 의는 자신에게 주어진 직분을 다하는 도리로 인식되었다.

『주역』에서는 사람으로서 행하여야 할 기준이 되는 도리로 일하기에 앞서 어떤 목적을 위하는 바 없고 후일의 공효를 엿보는 바 없음을 말한다. 마땅히 해야 할 도리이기 때문에 그렇게 하는 것이 의이다.(不耕穫 不菑畬.『周易』25「天雷无妄」)라고 하면 의란 천리의 마땅한 도리이다. 즉 인간이 경영하고 취해야 하는 재화·명예·지위·작록(爵祿) 등은 인간이 살아가는데 없어서는 안 되는 도의(道義)에 따라 얻어야 하며, 사의(私義)와 계교(計巧)로 얻어서는 안 된다고 하였다.

그래서 이 '의'는 도덕규범으로 공자의 인(仁)의 사상과 연용 되어 종형(從兄)·경장(敬長)·존현(尊賢) 등의 의미를 갖는 춘추대의(春秋大義)의 대일통(大一統)의 정신과 연결된다.『맹자』「이루 상」에서는

"인의 실상이 어버이를 섬기는 것이고, 의의 실상은 형을 따르는 것이다.(仁主於愛, 而愛莫切於事親. 義主於敬, 而敬莫先於從兄.)"라고 하였다.

또 「진심 상(盡心 上)」에서 "어버이를 친히 하는 것은 인이요, 자기보다 나이 많은 어른을 공경하는 것은 천하에 두루 통하는 의이다"라는 취지의 말을 했다. 이와 관련하여 이미 『예기(禮記)』 예운편(禮運篇)에서도 의로서 ① 부(父)의 자(慈), ② 자(子)의 효, ③ 형의 량(良), ④ 제(弟)의 제(悌), ⑤ 부(夫)의 의(義), ⑥ 부(婦)의 청(聽), ⑦ 장(長)의 혜(惠), ⑧ 유(幼)의 순(順), ⑨ 군(君)의 인(仁), ⑩ 신(臣)의 충(忠)의 십의(十義)의 도덕규범을 열거했다.

따라서 유교에서 의(義)는 도(道)와 리(理)에 합치하는 것으로 타인에게 지켜야 할 올바른 도리나 행동으로 인간의 욕망을 추구하는 '이(利)'와 대립하는 개념으로도 생각하였다. 사람과 짐승을 구별하면서 중화와 오랑캐, 왕도와 패도를 구별한 의와 이(利)는 서로 충돌하고, 실제 의는 '이'를 포용할 수 있지만 '이'는 의를 포용할 수 없다고 생각하는 것이 일반적이었다.

특히 유교에서는 도덕적·정신적 가치를 강조하기 때문에 경제적·물질적 이익 추구에는 부정적인 태도를 보였다. 그것은 물질적 이익만 추구하게 되면 사회 구성원 상호 간의 과도한 경쟁과 원망을 유발하고(放於利而行多怨), 나아가 의로움이 없는 이익의 독과점 현상을 초래하여 인간관계의 평화와 조화를 깨뜨리고 위기적 분위기를 조성한다는 점을 경계했다.

그래서 유교에서는 이(利)와 대비되는 개념인 의를 사람으로서 행하여야 할 기준으로 보았다. 『논어』「이인편」에서는 이(利)를 배척하고 의를 선택해야한다며, 맹자는 극단적인 이(利)를 배척하고 때로는 생명과 의를 두고 목숨을 버려도 의를 선택한다고 하였다.

단적으로 말하면 유가에서는 의를 중시하고 이(利)를 경시하는데, 이(利)를 취하는 것은 소인의 일이며 위란(危亂)의 원인으로 보았다. 『논어』 에서 "군자는 의에 밝고 소인은 이에 밝다(君子喩於義. 小人喩於利.「里仁」)"라고 한 것이나 "군자의 사귐은 담박하기가 무색·무취·무미한 물과 같이 변함이 없이 의롭고, 소인의 사귐은 달콤하기가 단술 같아 빨리 상하기 쉽고 이익에 치우쳐 변절과 배신을 쉽게 한다.(君子之交淡如水, 小人之交甘若醴.)"라고 하였다. 그러나 소인은 자신의 이익만 내세우기 때문에 정당하게 타인을 인정하지 않고 수단으로 대하게 된다는 것이다.

그래서 공자는 "군자는 의로서 바탕을 삼고 예로써 행해야 한다(君子. 義以爲質 禮以行之)"라고 하며 도의를 인생의 원칙으로 삼고 도의에 어긋난 행동을 해서는 안 된다는 것을 논했다. 의는 마땅함이어서 사람이나 일이나 때나 곳에 따라 마땅하게 처리한다는 것이다. 군자는 천하의 일을 대함에 고정된 방식도, 반대의 형식도 없이 그저 의에 부합할 뿐이다(子曰, 君子之於天下也. 無適也. 無莫也. 義之與比. 里仁篇)」라고 한 것처럼 의가 선과 같이 모든 옳고 그름의 판단 기준이 된다는 것을 의미하며 의에 합치하면 행하여도 좋지만, 그렇지 않으면 행해서는 안 되므로 모든 것은 오직 의를 좇아야 한다.

또 공자의 군자불기(君子不器)라는 말도 있듯이 "군자는 천하에 생활함에 있어 이렇게 해야 한다든지, 그렇게는 하지 말아야 한다는 고정된 행동 원리를 갖지 않고 오직 의를 따라 행동해야 한다(君子之於天下也. 無適也. 無莫也. 義之與比. 里仁篇)."라고 하였다. 의를 인간의 실천원리로 설명하고 인간의 본래 모습의 대표적인 행위로 간주하여, 의를 통한 인(仁)의 실현으로 인간의 인간다운 본성을 회복함으로써 사회적 질서를 확립하고자 하였다.

그러나 공자가 활약한 춘추시대를 약 150년 이상 지나 맹자가 활약한 전국시대로 접어들어서도 사람들은 여전히 이(利) 추구에만 몰두하고 쟁탈을 일삼게 되었다. 그래서 이때 맹자는 더욱 더 강경한 어조로 의의 필요성을 강조했다.

(3) 맹자의 반문, 왜 하필 이(利)인가

사리(私利)를 버리고 공의(公義)에 충실 하는 것이 유교 교학에서 중요시 되는 것으로 공자는 살신성인, 정명론과 춘추대의의 정신이 바로 의를 지키고 행하는 생명으로 간주하였다.

특히 중의경리(重義經利) 사상으로 맹자에 의해 중시된 의의 사유는 「양혜왕편」에 잘 나타나 있다. 양해왕이 맹자를 맞이하며 "선생께서 천리 길도 멀다하지 않고 오셨으니, 우리나라에 이로움이 있겠지요.(孟子見梁惠王. 王曰, 叟不遠千里而來, 亦將有以利吾國乎)"라고 하는 말에 맹자는 "왜 하필 이(利)를 말하느냐, 인과 의가 있을 뿐이다.(王何必曰利 亦有仁義而已矣)"라고 일갈하며 위와 아래가 서로 이익만을 취하려고 하면 결국 나라가 위태롭게 됨을 염려하였다.

이러한 맹자의 의사상은 의리지변(義利之辨) · 군신유의(君臣有義)의 사단설(四端說)의 측면에서 의리지변에서도 의는 사적인 물질적 이익을 가리키는 이(利)와 대비되는 개념으로 모든 사람이 마땅히 받아들여야 할 정신적 · 도덕적 가치를 가리켰다. 즉 개개인이 서로 경쟁적으로 물질적 이익만 추구하게 되면 인간관계가 위태롭게 되고 불화가 조성되므로 특히 위정자들은 물질적 이익보다는 정신적 · 도덕적 가치를 추구함으로써 이상적인 도덕정치를 할 수 있다고 생각했다. 그러한 가치 구현의 대표적인 인간관계가 군신관계이기 때문에 군신유의를 강조했다.

맹자에 의하면, 인간의 본성 중에는 스스로 자기의 나쁜 짓을 부끄러워하고 남의 나쁜 짓을 미워할 줄 아는 사단(四端)의 의인 수오지심(羞惡之心)의 도덕규범의 마음이 있다고 하였다. 인은 사람의 편안한 집인 안택이고, 의는 사람이 걸어가야 할 바른 길인 정로라고 했다(仁, 人之安宅也. 義人之正路也.『孟子』離婁上). 이러한 의 사상은 유교의 기본 내용으로 자리 잡아, 공의(公義)와 사리(私利)의 대립과 절의(節義)나 의리명분을 강조하는 것이 되었다.

의미를 조금 확대하면 사람을 사랑하기 때문에 사람들을 힘들게 하고 괴롭히며 착취하는 독재자를 미워하고, 그 사람들을 괴롭히는 도둑과 침략자들을 미워하게 된다는 것이다. 이러한 마음가짐을 키워 가면 의라는 도덕규범을 실현할 수 있다는 것이다.

맹자가 주장한 "나의 선은 호연지기를 기르는 것이다(我善養吾浩然之氣)"라는 말도 의와 연결된다. 이 호연지기는 지극히 크며 강하고 곧음으로 '의와 도에 짝하기(配義與道)' 때문이다. 진정한 호연지기는 하늘에서 그냥 주어지는 것이 아니라 끝없는 배양과정이 필요한데, 그러한 과정은 의를 쌓는 집의(集義)로 표현했다. 마구 생성시킬 수 없으며, 억지로 기를 수도 없고, 오직 도로 말미암아 의를 행하여 날마다 쌓아야만 마음이 넓어지고 하늘을 우러러보고 땅을 굽어보아도 한 점 부끄러움이 없게 된다.

이 의(義)를 모으고 쌓는 행위는 선(善)을 행하고 쌓는 과정이기도 한데, 그 모든 과정은 의에 합당한지 스스로 반성하여 마음에 부끄러움이 없으면 그 선의의 기(氣)가 저절로 발생한다는 것이다. 따라서 맹자는 "반드시 호연지기를 기르되 미리 그 효과를 기대하지 말며 마음에서 잊지 말며, 알묘조장(揠苗助長)처럼 서두러거나 무리하게로 조장하지도 말라(必有事焉而勿正. 心勿忘勿助長也. 公孫丑上)"고 하였다.

심지어 맹자는 아주 사소한 "하나의 불의를 행하고 한 명의 무고한 양민을 죽여 천하를 얻는다 할지라도 그러한 짓은 하지 않는다(行一不義殺一不辜. 而得天下皆不爲也. 「公孫丑上」)"라고 하였다. 이러한 맹자의 의개념은 의의 순수성을 강조하고 이(利)를 배척하며 리(理)를 중시하는 송나라 때 성리학의 의리사상 형성에 기초가 되어 그들의 학문을 의리의 학문(義理之學)이라고 표현하기도 했다. 한나라 동중서(董仲舒) 역시 '의를 바르게 하고 이익을 도모하지 않는다.(正其義不謀其利)'라고 하여 그 도를 밝히고 그 공을 계교(計較)하지 않는다(明其道不計其功)는 것이 바로 그 뜻이기도 하다.

우리나라에서도 조선시대 500년을 지나면서 이런 의리사상은 중요한 의미로 받아들였다. 포은 정몽주(圃隱 鄭夢周, 1337-1392)·야은 길재(冶隱 吉再, 1353-1419)[21]·강호 김숙자(江湖 金叔滋, 1389-1456) 등으로 이어지는 여말선초의 의리학파를 거쳐 완성된 조광조의 도

21) 어머니에 대한 효성이 지극하며 세상의 영달에 뜻을 두지 않고 성리학을 연구하였기 때문에 그를 본받고 가르침을 얻으려는 학자가 줄을 이었다. 김숙자(金叔滋)를 비롯하여 그의 아들 김종직(金宗直), 김굉필(金宏弼)·정여창(鄭汝昌)·조광조(趙光祖) 등이 그의 학맥을 이었다.

학정신을 비롯하여 매죽헌 성삼문을 중심으로 한 사육신의 절의정신이 그 대표적인 것이다.

뿐만 아니라 임진왜란 때 일본침략군에 항거한 의병과 무명의 백성들, 조선시대 말기에는 사악한 탐관오리의 부정부패와 외세에 항거해 일어난 동학혁명군, 조선조 말기 식민지시대에 일본 침략군에 대항한 독립군 및 3·1운동과 4·19학생의거 등에서 행동한 모든 이들은 이러한 '의(義)'사상의 실천자들이다.

남명 조식(南冥 曺植)은 "안으로 자신을 밝히는 것은 경이요, 밖으로 과감히 결단을 내리는 것은 의이다(內明者敬 外斷者義)."라고 하며 자신에 대한 엄정한 수양을 바탕으로, 현실 사회의 문제점에 대해서 적극적으로 비판하고 과감하게 실천하는 삶의 태도를 보였다. 그러므로 임진왜란 때 남명 문하에서 정인홍, 곽재우, 김면, 조종도 등 많은 의병장이 배출되었다.

이것도 남명의 올곧은 의리지학 교육에 의한 것이다. 따라서 우리가 의인(義人)이라고 하면 '견리사의, 위국수명(見利思義, 見危授命)' 할 수 있는 의사들(이순신 장군, 안중근 의사, 독립운동가 이상룡 등)처럼 굳게 정의를 지키는 사람이나 자신의 이해관계를 돌보지 않고 타인이 위급할 때 뒷일을 생각하지 않고, 타인을 돕는 이타적인 행위를 하거나 나라가 위급할 때는 국가대의를 위해 하나뿐인 목숨을 바치는 사람을 말한다.

그러나 전자도 누구나 쉽게 할 수 있는 사항이 아니지만, 후자의 경우는 하나뿐인 목숨을 걸고 하는 행동이기 때문에 더욱 행하기 어려운 행동이다. 그러나 우리나라 역사에서 이를 실천한 위인들이 적지 않다. 특히 시대마다 수많은 외세의 침략을 당한 우리의 역사에는 의를 실천한 빛나는 위인들이 많다. 또 이름을 남기지 못한 무명의 의사(義士)들도 너무 많다. 그래서 그들의 살신성인(殺身成仁)의 의로운 희생이 수많은 사악한 외세의 침략에도 지금까지 나라를 보존할 수 있게 된 원동력이 되었다.

(4) 현대사회에서의 '의' 개념

현재의 한국 사회는 가난하며 더럽고 어두웠던 과거 사회와는 달리 한류로 세계인이 주목하는 깨끗하고 밝은 나라가 되었다. 한국의 대중문화를 비롯하여 대중음식인 김치, 떡복기, 순대, 김밥 등과 함께 한식이 세계인의 입맛을 자극하기도 한다. 그러나 외부의 밝은 면과는 달리 내부에는 중·근세 시대나 일제 강점기와 같이 여전히 완전한 정의와 사민평등(四民平等)이 없는 인권유린의 갑질과 사리사욕의 이해관계 충돌로 인하여 벌어지는 각종 차별의 여러 갈등과 혼란요소가 정치적·경제적 약자들의 삶을 좀먹고 있다.

일찍이 공자가 선비가 진심으로 진리를 추구하면서 도리어 자신이 입은 거친 옷이나 먹는 음식이 좋지 않다고 부끄러워하는 자와는 더불어 진리를 논할 수 없다(子曰, 士志於道而恥惡衣惡食者, 未足與議也.)고 하였는데 그러한 선비 정신은 사라지려고 하고 사람들의 의식은 오로지 극단적인 이(利)로 치닫고 있다. 인간의 욕망을 극심한 경쟁으로 내몰아 양극화를 부추기며 지나친 이윤과 효율성만을 추구하다 보니 인간성 상실과 윤리의식 부재, 사회 부적응, 공동체 의식 결여 등의 문제도 일어나고 있다.

어느 종교서적에서는 "부자가 천국에 들어가는 것은 낙타가 바늘구멍을 통과하는 것 보다 더 어렵다."는 말로 부(富)를 부정하였다.

그러나 "무항산(無恒産)이면 무항심(無恒心)"이라는 말도 있듯이 재화를 정당한 방법으로 얻는다면 부자가 되는 것이 나쁠 것은 없다. 그렇지만 국민들을 위한다는 위정자를 비롯한 정치경제 지도자들이 부를 추구하는 동안 부의 의미와 성격, 목적을 망각하고 수단과 방법을 가리지 않고 더 많은 돈을 얻으려는 자도 많게 되었다.

그 결과 작금의 우리사회에는 "국가는 금융범죄자들과 결탁한 수탈기구" 혹은 폭력조직이라는 노암 촘스키(Noam Chomsky, 1928-)의 낭설처럼 수조, 수천억, 수백억 원대에 해당하는 대형사기 · 사취 · 횡령의 부정이 심심찮게 보도되고 있다. 그러한 사악하고 파렴치한 사기행각은 성실 근면하게 살아온 한 인간의 영혼을 죽이는 정신적 살인행위로, 사기를 당하는 사람들에게 정신적 육체적으로 말할 수 없는 고통을 안겨주고 심지어는 죽음으로까지 내몬다.

이 비열한 행위는 이를 통제해야 할 위치에 있는 사람들이 주로 범하는 경우가 많다. 특히 작금의 정의가 실종된 정치사회는 여야 할 것 없이 폭군 '걸왕(桀王)의 개가 성군 요순임금에게 짖는 것'과 같은 형국이 되고 말았다.

이러한 와중에도 일찍이 자본주의의 한계를 극복하려는 아시아의 기업들이 늘어나고 있다. 그들이 찾은 답은 경제도 중요하지만 어떻게 하면 공동체적 이익을 추구하고 인간의 존엄성을 높일 수 있을 것인지 고민한 공자의 견리사의(見利思義)를 기업경영에 적용할 수 있을까하는 것이었다.

그 하나의 예로 개성상인이 있다. 개성상인은 근검절약하며 함부로 돈을 쓰지 않았기 때문에 '자린고비'라는 말도 있었다. 그러나 그들은 개인의 사치에는 인색하였지만, 세상 사람들을 구하는 제세구인(濟世求人)에는 적극적이었다. 또 자신의 분수를 지키고 의를 중시하며 신용을 최고의 덕목으로 의롭지 않은 상행위는 하지 않았다.

또 추로지향(鄒魯之鄕)의 나라인 중국인이 가장 존경하는 일품(一品)관직과 그 지위를 상징하는 붉은 산호가 박힌 모자(紅頂商人)를 하사받은 휘주(徽州)의 청나라의 거상(巨商)인 호설암(胡雪巖, 1823-1885)이 있다. 그는 이익을 추구 할 때 계기(戒欺), 즉 남을 속여 손해를 입히고 배신하거나 국법과 규율을 어기면서까지 재물을 탐하지 않았다.

정직과 신의를 생각하는 이의관(利義觀)을 계승하여 세상을 구하는 유교의 제세구인적인 선의후리(先義後利)와 사람을 구하는 경영을 실천한 인물로 유명하다. 의롭지 못한 부귀는 나에게 뜬구름과 같다(不義而富且貴. 於我如浮雲)라는 명구를 좌우명으로 기업 경영을 하며 "진정한 부는 번 돈을 사회를 위해 쓰려는 마음에 있다.

아무리 재산이 많아도 '바른 뜻'이 없는 사람은 정신적으로 세상에서 가장 가난한 사람이다."라고 했다. 그의 좌우명이자 경영철학은 바로 공자가 말한 견리사의(見利思義)이다. 뿐만 아니라 유교자본주의를 결합한 경영철학을 가진 시부사와 에이이치(涉澤榮一, 1840-1931), 마츠시다 코노스케(松下幸之介, 1894-1989)도 비슷한 사상을 가진 경제인이다. 실제로 그들은 성실하게 일하고 정직과 신뢰를 무엇보다 중요하게 여겼다.

현대 자본주의에서 가장 중요한 의는 상도덕을 지키는 것이라고 생각한다. 상업 혹은 사업은 온 정성을 다하여 정직하게 만든 물건을 정당하게 판매하게 하는 것이다. 즉 상품의 가치에 합당한 이익을 취하되 속이지 않는 것이다.

또한 이른바 지식인은 곡학아세(曲學阿世)하지 않는 것이다. 살신성인도 좋지만 몇 사람의 살신성인보다 모든 사람들이 각자 자신의 소박한 의(상도덕)를 지킨다면 사회는 보다 정의로워 질 것이다.

참고문헌

『論語』

『孟子』

『大學』

『中庸』

『老子』

『莊子』

『墨子』

『詩經』

『明心寶鑑』

『太上感應篇』

『陰騭錄』

성백효 역주(1990),『論語集註』, 傳統文化硏究會.

성백효 역주(1991),『孟子集註』, 傳統文化硏究會.

한국정신문화연구원(1991),『한국민족문화대백과사전』.

박이문(1996),『문명의 위기와 문화의 전환』, 민음사.

박종덕(2005),「도덕적 인간으로서의 군자」,『도덕교육연구』16, 한국도덕교육학회.

가토 도루 지음, 유준칠 옮김(2005),『동양고전에게 길을 묻다』, 수희재.

이희주(2006),「유교의 정치 사회에 있어서 통치자의 자질」,『동양정치 사상사』6, 동양정치사상사학회.

신동준(2006),『공자의 군자학』, 인간사랑.

뚜웨이 밍 저, 김태성 옮김(2006),『문명들의 대화』, 휴머니스트.

전세영(2006),「선비정신의 현대적 의의」,『한국시민윤리학회보』19, 한국시민윤리 학회.

이경무(2009),「군자와 공자의 이상적 인간상」,『동서철학연구』54, 한국동서철 학회.

김선희(2009),『동양철학 스케치』, 도서출판 풀빛.

임동석 동양고전 100(2010),『明心寶鑑』上下, 明 范立本(撰), 동서문화사.

성해준(2011),『동아사아 명심보감 연구』, 도서출판 문.

김병일(2012),『퇴계처럼』, 글항아리.

박문현(2012),『묵자』, 지식을 만드는 지식.

권인호(2012),「선비의 기질과 그 특징」,『남명학연구논총』17, 남명학연구원.
이덕일(2012),『내 인생의 논어, 그 사람 공자』, 도서출판 옥당.
김교빈 이현구 지음(2012),『동양철한 에세이』, 동녘.
황광우(2012),『철학콘서트』, 웅진.
이희재(2012),『동아시아 문화론』, 신아사.
탄허 스님(2012),『탄허록』, 한겨레출판사.
성해준(2013),「東洋思想에서의 統治者와 被統治者와의 관계」,『退溪學論集』12.
성해준(2015),「理想政治의 前提, 儒家思想에 나타난 君子」,『退溪學論集』16.
임종진(2015),「동양적 의리론의 함의」,『사회사상과 문화』18, 동양사회사상학회.
성해준(2016),『일본 명심보감의 전래와 수용연구』, 學古房.

石川梅次郎(1970),『陰騭錄』, 明德出版社.
金谷治(1972),『論語の世界』, 日本放送出版協會.
加地伸行(1984),『論語を讀む』, 講談社.
白川靜(1991),『孔子傳』, 中公文庫.
町田三郎教授退官記念論文集刊行會(1995),『中國思想史論叢』上 · 下.
佐藤弘夫他(2006),『概說 日本思想史』, ぺりかん社.

성해준(成海俊)

현재 동명대학교 학부교양대학 교수(sunghj@tu.ac.kr)
동아시아 일본학회 회장 역임

일본 시즈오카(静岡, 국립) 대학 인문학부 졸업
일본 도호쿠(東北, 국립) 대학 대학원 문학연구과 석 · 박사과정 졸업
(동아시아사상사 전공, 문학박사)
일본 도호쿠대학 대학원 문학연구과 객원연구원
일본 큐슈대학 대학원 문학연구과 방문연구원 등을 역임하였다.

지은 책으로는『동아시아 유교문화의 새로운 지향』(공저 2004, 2005년 대한민국 학술원 기초연구 우수학술도서),『동아시아 명심보감 연구』(2011, 2012년 대한민국 학술원 우수학술도서),『일본 명심보감의 전래와 수용 연구』(2016),『생활 명심보감』(2019) 등이 있다.

옮긴 책으로는『근대일본의 조선인식』(2005),『일본사상사』(공역2010),『일본 열도의 사생관』(2011),『신국일본』(2014),『사람을 신으로 섬기는 신앙』(공역,2015),『영혼결혼』(2018) 등이 있다.

논문으로는「일본 속의 한국문화」(2006),「일본 사생관에 담긴 죽음 의식의 특징」(2011),「퇴계의 성학십도와 일본과의 관계」(2012),「동양사상에서의 통치자와 피통치자와의 관계」(2013),「이상정치의 전제, 유가사상에 나타난 군자」(2015),「퇴계의 인애관에 담긴 평화사상」(2015) 등 다수가 있다.

일상 속의 인문학

초판 1쇄 발행 _ 2019년 8월 31일
1판 1쇄 발행 _ 2023년 2월 10일

저　　자 • 성해준
발 행 인 • 정현걸
발　　행 • 신아사
인　　쇄 • 대명프린팅
출판등록 • 1956년 1월 5일 (제9-52호)
주　　소 • 서울시 은평구 통일로 59길 4 (2F)
전　　화 • 02)382-6411 · 팩스 02)382-6401
홈페이지 • www.shinasa.co.kr
E-MAIL • shinasa@daum.net

ISBN 978-89-8396-363-5 (93820)
저자와의 협의로 인지를 생략합니다.

정가 12,000원